魚は冷やしとひと塩でグッとうまくなる

サスエ前田魚店5代目
前田尚毅

飛鳥新社

美味しい魚が
無性に食べたい!

そう悶(もだ)える日って、
ありませんか？

あー、想像しただけでお腹が鳴ってしまう。

やっぱり
お寿司でしょ！

シンプル イズ ベスト。私は断然、お刺身派です。

おいしい魚はどこからやって来るのだろう——

まだ空気が冷たい朝焼け前、港に人が集まり始める。ときに談笑しながらも、眼光鋭く、誰もがその日一番の「お宝」を探す。〝これだ!〟競りでは、一瞬で勝負が決まる。けれど、本当の闘いはその後だ。冷却にぬかりはないか。どう捌き、仕立てるべきか。そんな職人技によって、「お宝」は全国の食卓へと運ばれていく。

魚の〝職人〟たちが目利きする逸品とは——

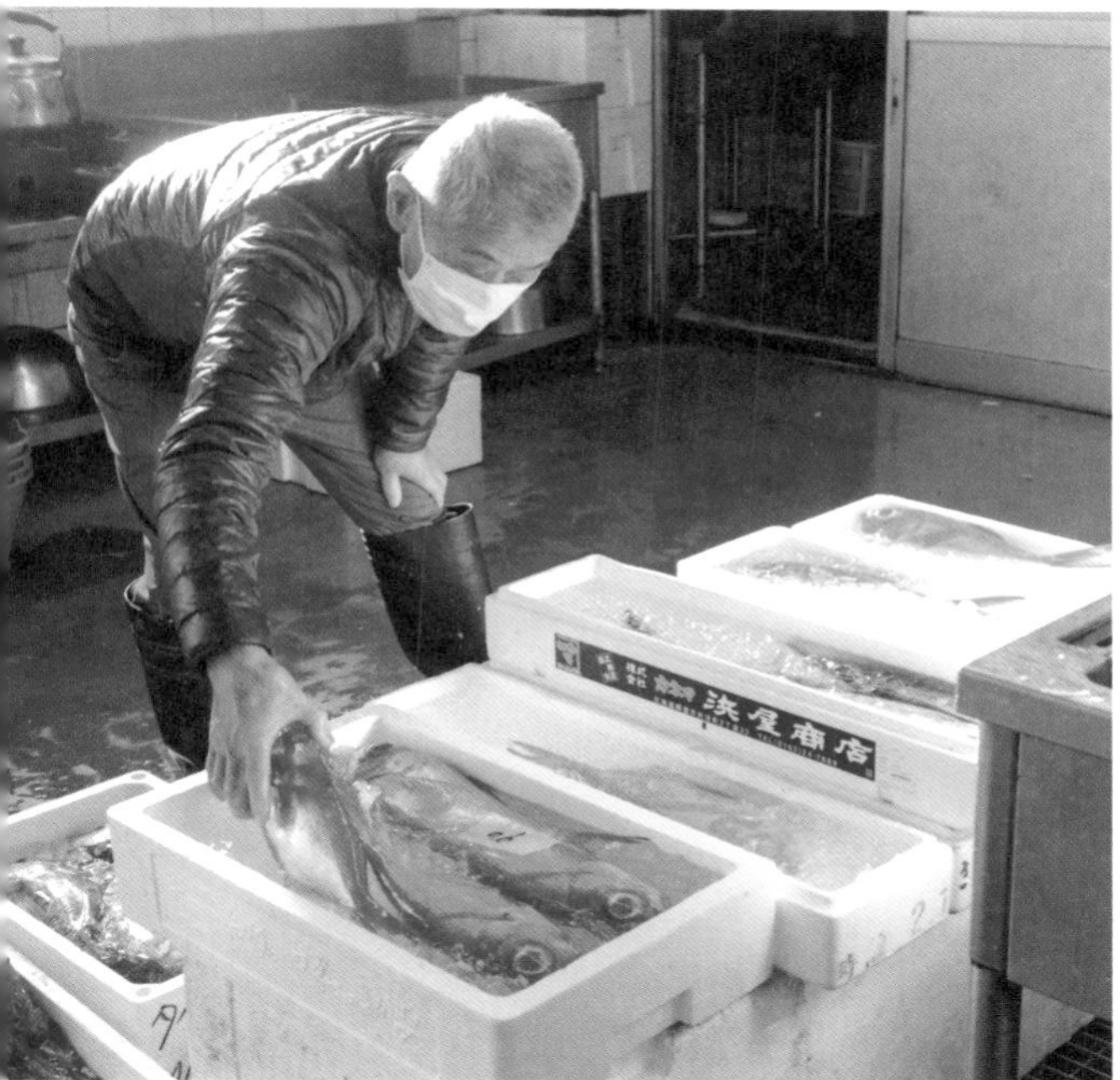

朝仕入れた魚が、瞬(またた)く間に店頭へずらり。

旅先での〝地産地消〟がおすすめの理由はなにか？

それは「うまいから」のひと言に尽きる。

朝、漁師が捕ってきたプリップリの魚が、お昼前には最高の状態で並ぶ。都会では絶対に出会えない食の体験が、そこらじゅうに転がっている。

さあ、「あの味」をまた食べに行こう。

〝地産〟の醍醐味を知ると、やみつきになる。

駿河湾の恵みを
たっぷり受けた
魚を求めて——

地元のお客さんからも、一流シェフからも、注文が絶えない魚屋さんの秘密とは――

駿河湾をのぞむ焼津市に、いま日本一有名な魚屋さんがある。週末には地元客でにぎわい、スタッフと笑い合うのどかな姿も。一方で、店の奥では国内外のグランメゾンからひっきりなしに注文が入り、スタッフが戦場のように動き回る。どうして誰もが、このお店の魚を「食べたい」のか。その理由は驚くほどシンプルだった―。

はじめに

私は、静岡県、焼津市で魚屋をしています。
焼津の目の前には美しい駿河湾が広がり、
空気が澄んでいる早朝には、富士山も見渡せます。
毎日見ていても、その幻想的な自然の趣を前にすると
つい息をのんでしまいます。

あまり知られていませんが、駿河湾は日本で一番深い湾です。
最も深い場所で、水深は約２５００メートル。
起伏に富んだ海底地形のおかげで生物に多様性が生まれ、
棲んでいる魚は約１０００種類以上といわれています。
〝天然の生け簀〟と呼べる豊穣の海なのです。

読者の皆さんがよく耳にするものだけでも、
金目鯛（きんめだい）や桜海老（さくらえび）、鰹（かつお）、甘鯛（あまだい）などが名物として知られています。

運が良い事に、
私は幼い頃からこの〝生け簀〟で捕れる魚たちと戯（たわむ）れてきました。
実家はサスエ前田魚店（うおてん）という魚屋で、私で5代目になります。
そんな家業ですから、祖父母の背中でおんぶしてもらいながら、
おやつ代わりに甘海老を口に放り込んでもらったり。
あるいは、捕れたばかりでこれ以上ないという鮮度の鰹が
毎日のように食卓に並んでいたり。

これらがいかに特別な環境かは、後年、社会に出てから知ることになりますが、
おかげで本当においしい魚の味とはどんなものか、という感覚だけは、
ひと一倍鋭敏に育ってきたように思います。

同じ魚でも、扱い方ひとつで美味しくもなれば、イマイチにもなります。
ですから私たち魚屋の仕事というのは、
捕れた魚に最高の〝おもてなし〟をしてあげることに尽きます。
そこに特別な技術は必要ありません。
魚にとって快適な温度に冷やしてあげる――
スピーディにさばいてあげる――
空気に触れない状態にしてあげる――
突き詰めて言えば、それだけで十分です。

「魚をもっと美味しくするにはどうすればいいか」と日々取り組んでいるうち、
10年ほど前からひとり、ふたりと、
地元以外のお客さんから注文が入るようになりました。
なかには、テレビでよく紹介される有名店やスターシェフがいました。
あるいは「ミシュランガイド」に掲載された、
「星付き」と呼ばれる飲食店に魚を卸（おろ）すようにもなりました。

ある時スタッフが遊び心で、
顧客のお店が持っている「星の数」を全部足したところ
最高時には82個もあったことがわかりました。
あまり意識していなかった私も、さすがにこの数には驚きました。

現在は、自分たちの目の届く範囲に絞っているので、
それほど多くは注文を受けないようにしています。
飲食店さんからいただく熱烈なオファーに応えられないことも多く、
自分の実力不足をはがゆく感じる日々です。

さて本書では、私自身が独自に突き詰めてきた、
「魚を美味しく」食べる方法をお伝えしています。
以前、NHKの『ガッテン！』という番組で、
家庭でもできる「美味しい刺身の食べ方」を披露したことがあります。
すると、その番組を見た出版社の編集者から、

「前田さんの培ってきた知識と技術を、
一般読者の食卓でも再現できるように、本のなかで伝えていただけないでしょうか」
と、連絡があったのです。

水産高校を出てから20年以上、この道を走り続けてきました。
私自身は普段ほとんど本を読まない人間ですが、
これも良い機会かと思い、お引き受けすることとしました。

地元のお客さんに食べていただく「小売り」の魚も、
星付き店やグランメゾンに卸す「プロ向け」の魚も、
美味しく食べてもらうための工夫や考え方は、まったく同じです。
それに、魚を美味しく仕立てるために大切なことは、誰にでもできる事ばかり。
本書の考え方をご家庭に応用していただければ、
きっと皆さんの食卓も、いつか星付きの味に変わっていくことでしょう。

昨日より今日のほうが、もっと魚を好きになる。

この本をきっかけに、そんな食卓が日本中に増えてくれれば、
著者として望外の喜びです。

２０２１年12月

前田尚毅

冷やしとひと塩で魚はグッとうまくなる 目次

第三章　美味しい魚と出会うためには

第四章　美味しい魚を見極める

第五章　すべての基本は干物にあり

終　章　世界に誇る、日本の水産

第一章
美味しさを保つために重要な「冷やし」

すべての魚に共通しているたったひとつの「美味しいルール」

もし、魚を美味しく食べるためのコツを、ひとつだけ選ぶとしたら――。
迷うことなく「食べる直前まで、きちんと冷やしておくこと」と答えます。

私はこれまで、魚屋としてさまざまな魚の締め方、さばき方を研究してきました。
また、魚を保存する方法や、プロの料理人に渡すための仕込みの技術も、たくさん試しました。新しい技術について耳にすれば、まずは一度実際に試してみて、良いところを取り入れる。そんなふうにしておよそ30年、「もっと魚を美味しくする方法はないか」という問いと向き合ってきたつもりです。

そうしてたどり着いた、ひとつの事実があります。
それが、**魚は〝冷やし方〟次第で味に驚くほどの差が出る**、ということです。

私のお店であるサスエ前田魚店では、地元のお客さん向けにお刺身や干物といった「一般的な小売商品」を扱っています。

そして、お店の奥ではレストランや料亭などへ発送する「プロ向けの商品」も、たくさんのスタッフが仕込んでいます。

価格帯や仕込み方はまったく異なりますが、一般向け商品もプロ向け商品も、美味しさを保つために〝冷やし方にこだわっている〟という点では、共通しています。

これは読者の皆さんが、どのスーパーで買った、どのような魚でも同じことが言えます。つまり、魚というのは「冷やして」あげることで非常に美味しくなるし、一方で、「冷やさない」ことで旨みを逃すことにもなります。

読者のなかには、「冷たい食べ物はちょっと……」と感じる方がいるかもしれませんが、それは誤解です。あくまで食べる直前まで、あるいは調理する直前まで、〝継続的に〟冷やしておくことが大切なのです。

魚は、だいたい10～20℃の水温で生きています。駿河湾名物のキンメダイなどが生息する深海であればもっと水温は低くなり、10℃以下になります。魚にとってはこの温度帯がストレスフリーなのです。

だからなのか、刺身で魚の旨みを一番感じやすいのは、5～15℃くらいの状態です。その温度帯の刺身は、口に入れた瞬間に脂がとけて広がり、噛みしめるほどに魚本来の風味がふわりと鼻を抜けていきます。それはまるで、閉じていたワインの香りが適温になるとともに、ふわっと広がるさまにも似ています。つまり、低温帯が魚肉にとっては〝快適〟というわけです。


一方で、冷蔵庫から出されてしまうと、おそらく魚の身は大ヤケドするような熱さを感じているでしょう。20～30℃の〝常温〟にさらされた瞬間、魚たちの筋肉や細胞は壊れはじめてしまいます。じつは魚肉にかかるストレスは凄(すさ)まじいのです。

ここが、「魚肉」と「それ以外の肉」の美味しさで、もっとも大きな違いです。

レシピの本には、冷蔵庫に入れていた牛肉や豚肉を「常温に戻す」、という行程があります。ふだん人間に近い気温で育ってきた牛や豚の肉であれば、常温でも問題ないでしょう。簡単には細胞は壊れません。しかし、低温で育ってきた魚の肉においては、それが美味しさの〝天敵〟になります。

「魚に氷を当てておくと、身が焼けてしまいませんか?」。時々、そう聞かれることがあります。答えは**「冷やしても身が焼けることはない」**です。

身が焼けるというのは、簡単に言えば細胞が壊れること。たしかに、冷凍すると細胞は壊れてしまいます。

けれど、たとえ魚に大量の氷を当てたとしても、魚の身は0℃より低くなることはなく、凍ることもありません。身は焼けないので、安心してたくさん氷を使ってほしいと思います。

逆に言えば、冷やさないことで魚の身は「焼ける」のです。魚にとって、私たちが生活している気温は「灼熱の地獄」のようなものだと心得ておきましょう。

国民的なテレビ番組の調査でわかった「冷やす」と「冷やさない」の明らかな違い

以前、私がＮＨＫの『ガッテン！』という番組に出演したときの話です。当日のテーマは「どうすれば、刺身をよりおいしく食べられるか」というものでした。番組内では、そのキーワードとして「コールドチェーン」という仕組みが取り上げられました。

魚たちは、収穫されてから店頭に並ぶまでの間、ずっとキンキンに冷やされた状態を保っています。それは漁師、漁港・市場の関係者、流通業者、小売業者といった関係者全員が、魚体には「冷やし」が大切だとわかっているからこそできる連携です。魚の「冷やし」が途切れることのないこのような流通のさまを、コールドチェーン（冷却の鎖）と呼びます。

先述のように、これだけきちんと冷やされた魚は、本当においしいものです。マグロやカツオといった青魚も、鯛やヒラメのような白身魚も、いずれもそれぞれがもっている固有の香りや脂の甘みを存分に楽しませてくれます。

けれど残念ながら、この鎖が途切れてしまう瞬間があります。それは、スーパーや魚屋の店頭から、「一般家庭に魚が移動する間」に起こっています。

つまり、お店で刺身や切り身を買い物カゴに入れてから、家の冷蔵庫に商品をしまうまでの間に、**魚がどんどん常温に戻っているのです**。

ためしにNHKの番組スタッフが、スーパーマーケットで72組の買い物客を調べたところ、約8割が刺身を冷やすことなく自宅に持ち帰っていました。

温度を測ってみたところ、お店のショーケースに並んでいるとき、マグロの刺身の内部温度は1℃でした。

しかし、買い物カゴに入れてから店内を20分歩いている間に、内部温度は8℃まで上昇し、自宅に到着したころには刺身の温度は20℃まで上がっていたのです。

また冷やせばいいじゃないか、と思う人もいるかもしれませんが、一度壊れてしまった細胞を元に戻すことはできません。

調査に使ったマグロの刺身のトレーは、赤っぽい水分がたまってベチャベチャになっていました。いわゆる「ドリップ」が流れ出た状態です。

こうなってしまっては、魚の持っている旨みは半減したと言っても、過言ではありません。

そこで、魚のプロとして番組に呼ばれた私は、ひとつのお題を与えられました。「どうすれば、家につくまで冷やし続けられるのか」というわけです。

「かつお節」と「活き造り」は どちらのほうが美味しいか

さて、私はどんな方法で「刺身を冷やし続けた」でしょうか。

それにお答えする前に、**「ドリップ」**の正体について、覚えておきましょう。

ドリップというものは、「うまい魚」と「そうでない魚」を見分ける決定的なヒントになります。

ただ少し専門的な言葉も続きますので、難しい話は苦手だ、という方は48ページまで飛ばしてもらっても構いません。

生きた魚は、筋肉を動かすときに〝エネルギー源〟を使っています。

それが、「**ＡＴＰ**（エーティーピー）（アデノシン三（さん）リン酸（さん））」と呼ばれる物質です。漁師さんが捕ったばかりの魚には、このＡＴＰがたくさん含まれています。

その後、漁港あるいは小売店につくまでの間に、魚は締められます。締められた直後から、魚の筋肉に含まれていたＡＴＰの量は、徐々に減っていきます。

すると、なにが起こるのでしょうか。

このATPというエネルギー源が、旨味成分である**「イノシン酸」**に変わっていくのです。

イノシン酸は、カツオ節の旨味の主成分としても知られています。日本人の好物である「だし」の旨味には、このイノシン酸の活躍が欠かせないのです。

また、じつはATPも、とても身近にある物質です。

なんといっても、わたしたち人間や植物、バクテリアなどもふくめて、すべての生物はATPによって活動エネルギーを作り出しているからです。

さて、そうして魚のエネルギー源であるATPが減っていくと、半日から1日をかけて、反比例するように旨味成分であるイノシン酸が増えていきます。（図版1）

このイノシン酸が最大になる頃合いが、**魚の旨味が最大になった瞬間**といえます。

イノシン酸はずっと増え続けるわけでなく、最大になった後は降下していきます。ですから漁師、仲買人、魚屋、料理人というプロ集団はそれらを頭に入れながら、レストランや家庭の食卓に、最高の状態の魚を届けようと日々励んでいます。

[図版1：ATPとイノシン酸の関係]

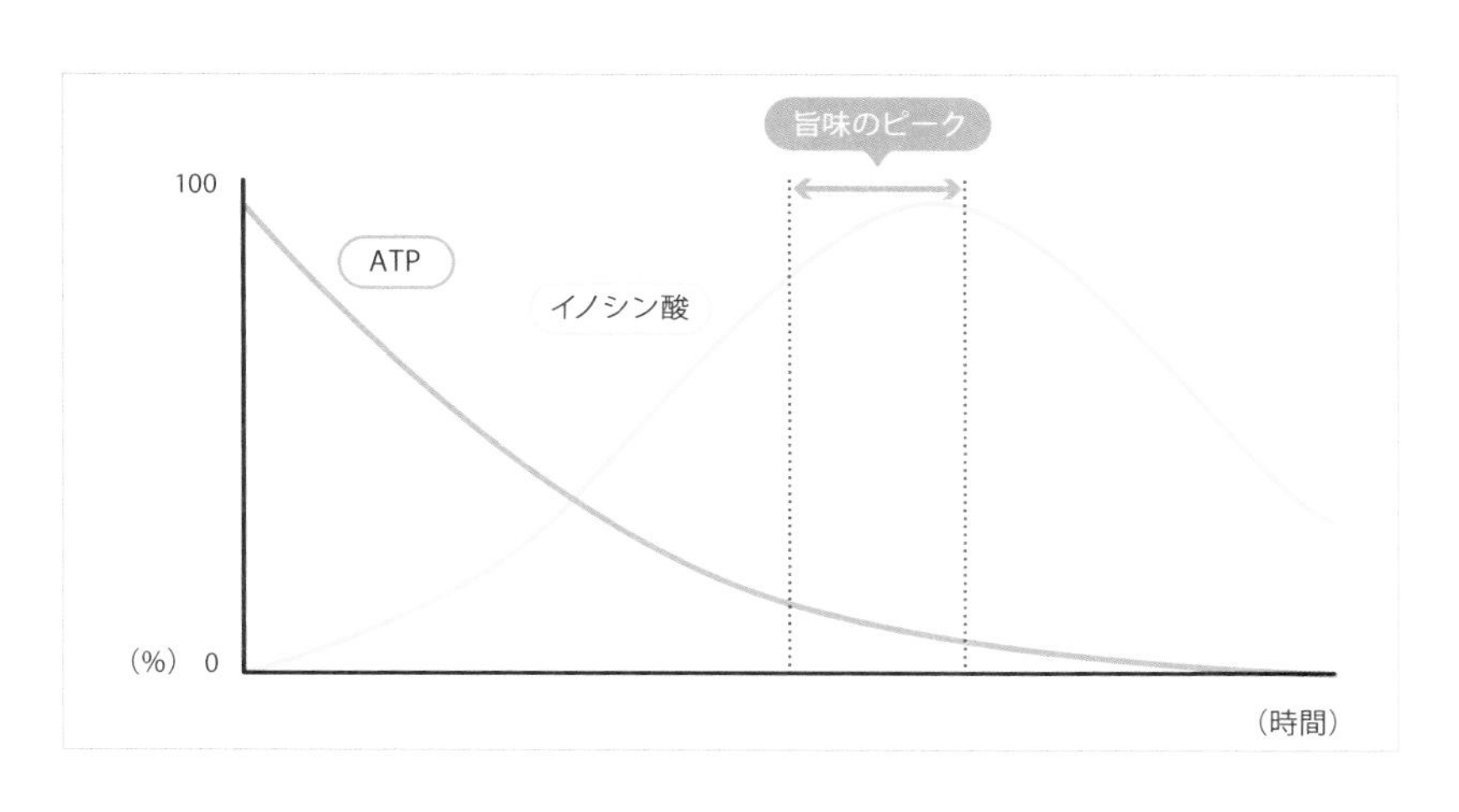

活き造りをはじめ、「締めたて」の魚を使った料理は、鮮度抜群でとても美味しそうに感じます。それらは、ブリブリとした筋肉の食感を楽しめますし、エンターテインメントとして優れていると思います。

しかし実際には、締められた直後の魚体は、まだそれほど旨味成分（イノシン酸）を宿してはいないというわけです。旨味という点では、収穫から少し経った魚のほうが、カツオ節と同じイノシン酸を含んでいて優れていることになります。

余談になりますが、私が魚を仕立てている飲食店さんには、名の通った星付きのグランメゾンや寿司屋、料亭などが多数あります。それらのすべてに、駿河湾で揚がった魚を仕立てて送っています。

ただ、たいていのお店は東京や関西にありますから、朝と昼に仕入れた魚を仕立てて送っても、それらが飲食店で提供されるのは、魚を収穫した「翌日の夜」になることがほとんどです。

ですから私は、いつどこでお客さんに提供されるのかを計算したうえで、イノシン酸が上がるスピードをコントロールしています。

さらには、どのような料理で提供されるか、についても料理人と密にコミュニケーションをとって把握するようにしています。

刺身にするのか、焼き魚にするのか。

蒸すのか、油で揚げるのか。

調理法によって、料理人の旨味の引き出し方も変わってきます。だから、それぞれのお店のお品書きに合わせた状態に、魚を仕立てるわけです。

もし、用意した魚の鮮度が落ちて、旨味も感じられなければ、お店側もやはり近くにある豊洲市場などから仕入れるでしょう。ただ、有難いことに今のところそのような事態にはなっておらず、これまでは狙いがうまくいっているようです。

1

スターシェフとの切磋琢磨①

サスエ前田魚店を訪れる世界のシェフたち

幸運なことに、私が仕立てた魚が人伝(ひとづ)てに評判となり、いまでは多くの有名シェフたちから注文をいただけるようになりました。そして、そのシェフたちがまた、違うシェフたちを紹介してくれる。そうやって、静岡・焼津の魚が日本や世界で評価してもらえるのは誇らしいですし、仕事に対するやりがいも生まれています。

例えば、2013年のフランス料理世界一を決める「ボキューズ・ドール国際料理コンクール」で、日本人初の世界3位になった浜田統之(はまだのりゆき)シェフもその一人です。

このコンクールは料理界のオリンピックとも呼ばれる大会で、なんと浜田シェフはその魚料理部門で世界1位に輝きました。

現在は「星のや東京ダイニング」にてその腕を振るっています。一緒に仕事をするたびに「こう来たか」という彼の発想にいつも驚かされ、勉強させてもらいました。

その他にも、里山をテーマにしたイノベーション料理で世界に知られる「NARISAWA」の成澤由浩氏や、日本人として初めてフランス本国のミシュランガイドで三ツ星を獲得した小林圭氏など、世界を相手に勝負する名だたる日本人シェフが、私の店に自ら足を運んでくれて、欲しい魚の相談をしてくれる。

彼らは成功した今でも、「守りに入ってはダメ。常に攻めなければいけない」と口を揃えます。それだけでも、大きな刺激を受けているのです。

話は変わりますが、魚を生で食べる習慣のない海外には「冷やし」の技術は無く、火入れする魚に対してもその扱いは非常に雑で、せっかくいい魚が捕れても台無しにしてしまっている場合がほとんどです。

数年前の話になります。浜田シェフに「いい機会だから、世界を見たほうがいいよ」と誘われ、ボキューズ・ドール見学のためフランスへ行かせてもらったことがあります。

フランスは食文化の先進国でもありますし、港町の市場にはそれなりの魚があがっていました。

しかし、その市場では誰も、日本の職人がやっているような、魚を美味しく保つ「冷やし」や「締め」などの技術を知らなかった。

それどころか、彼らは最初、「魚の仕立て」なんてバカにして、相手にもしてくれませんでした。

ですから、論より証拠とばかりに、現地の道具を使って「冷やし」と「締め」の技術で仕立てた魚を食べさせたところ、目を丸くして「これはなんだ!? 同じ魚とは思えない!」と驚いていました。

さらには「さあ、シャンパンを開けよう!」なんて言い出すので、手のひら返しの早さに笑ってしまいました。

世界的な料理であるフランス料理の本場で、優れた料理人がたくさんいるのに、魚を活かせる技術を持った魚屋がいない。あの時の渡仏は、そういった世界の常識を知る、とてもいい機会になりました。

美味しい魚を食べさせたい。

そういう想いや情熱は、料理人でも魚屋でも同じ。国や人種も関係ないということなのです。


これは後日談なのですが、その時に私の技術を見たフランスの魚屋の何人かが、私に技術を学びたいと言ってわざわざ来日してくれたのです。それがとても嬉しくて、私なりに教えられることを彼らにしっかりと伝えました。

そんな現地シェフたちとの交流の甲斐もあり、ミシュラン二ツ星を獲得しているパリの名門レストラン「ル・クラランス」でも、今では次章で紹介する“脱水”の技術を導入して魚を仕立てています。

なぜ、魚にとって冷やすことが重要なのか？

さて、ここからが本題です。

イノシン酸が増えて旨味成分が多くなるのは良いことですが、一方で、時間が経つことにより当然のように鮮度も落ちてきます。そうするとイヤな臭いも出てきて、魚の風味を損なってしまいます。

その鮮度の劣化を止めるために、**絶対的に必要なのが「冷やし」なのです**。

魚の鮮度を表すとき、**「K値（ケーち）」**という指標がよく使われます。K値がゼロに近いほど鮮度がよく、上昇するほど鮮度が悪い、ということを示しています。

左のグラフ（図版2）をご覧ください。

35ページ（図版1）同様、これは魚肉にふくまれる成分の変化を表しています。

捕獲時に満ちていたATPが減るにつれ、徐々にイノシン酸が増えてきて旨みが増しています。

そして、旨味のピークになった直後には、逆に魚の鮮度を表すK値も上がりはじめ、臭いが出てきてしまうのです。

さらに詳しく原理を説明すると、魚の身に含まれる酵素は、温度が高いと活性化します。活性化すると何が起こるかというと、酵素が細胞膜を破ってしまいます。

そして、細胞内に閉じ込められていた旨味が、水分と一緒に細胞の外へ出てしまうのです（次ページ・図版3）。

この現象で流れ出た液体を、「ドリップ」と呼びます。

刺身を冷蔵庫から出して、食べる前に常温で20分以上置いておけば、ひと目でわかるく

[図版2：K値の上昇イメージ]

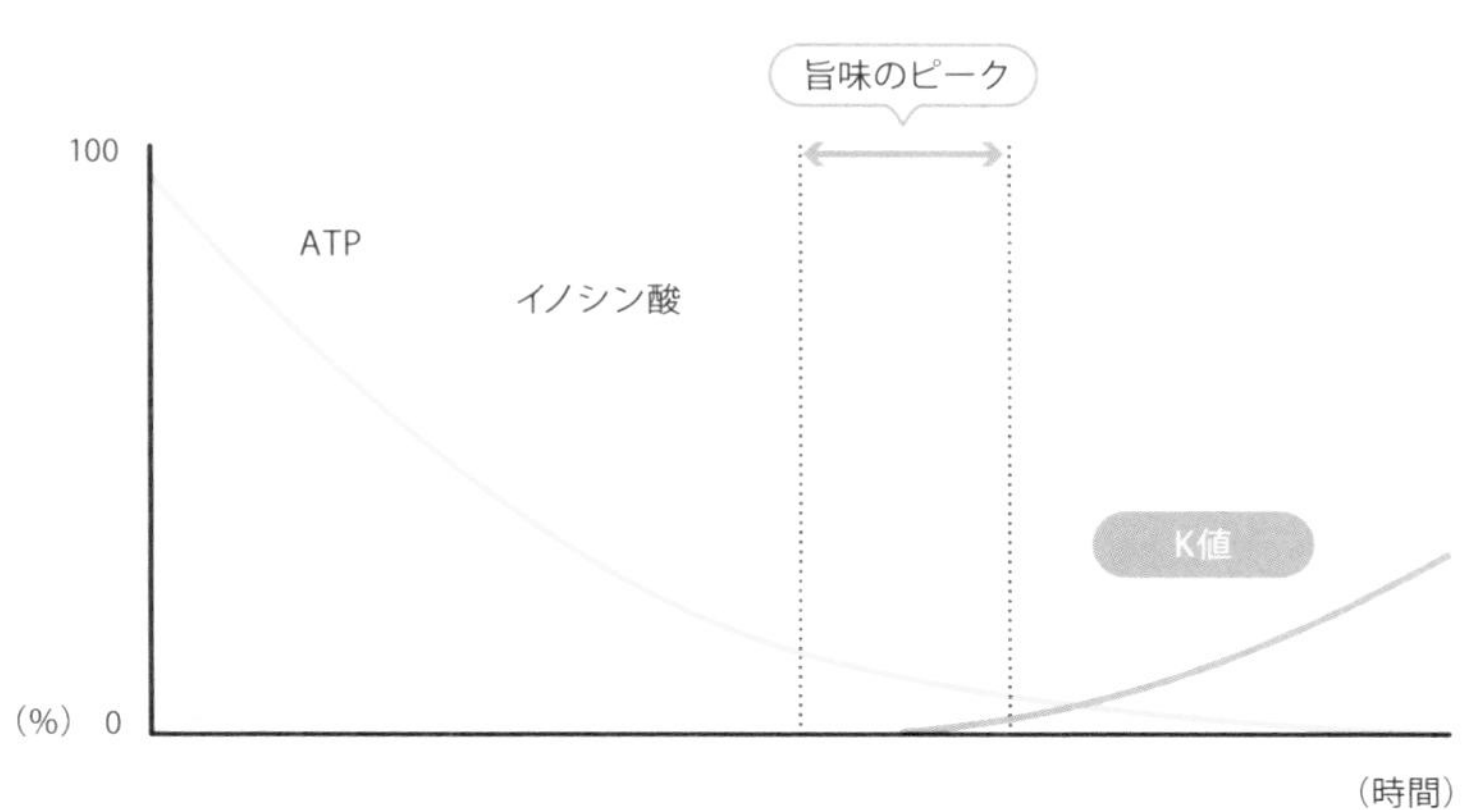

［図版3：冷やしが不十分なときの細胞膜の破壊］

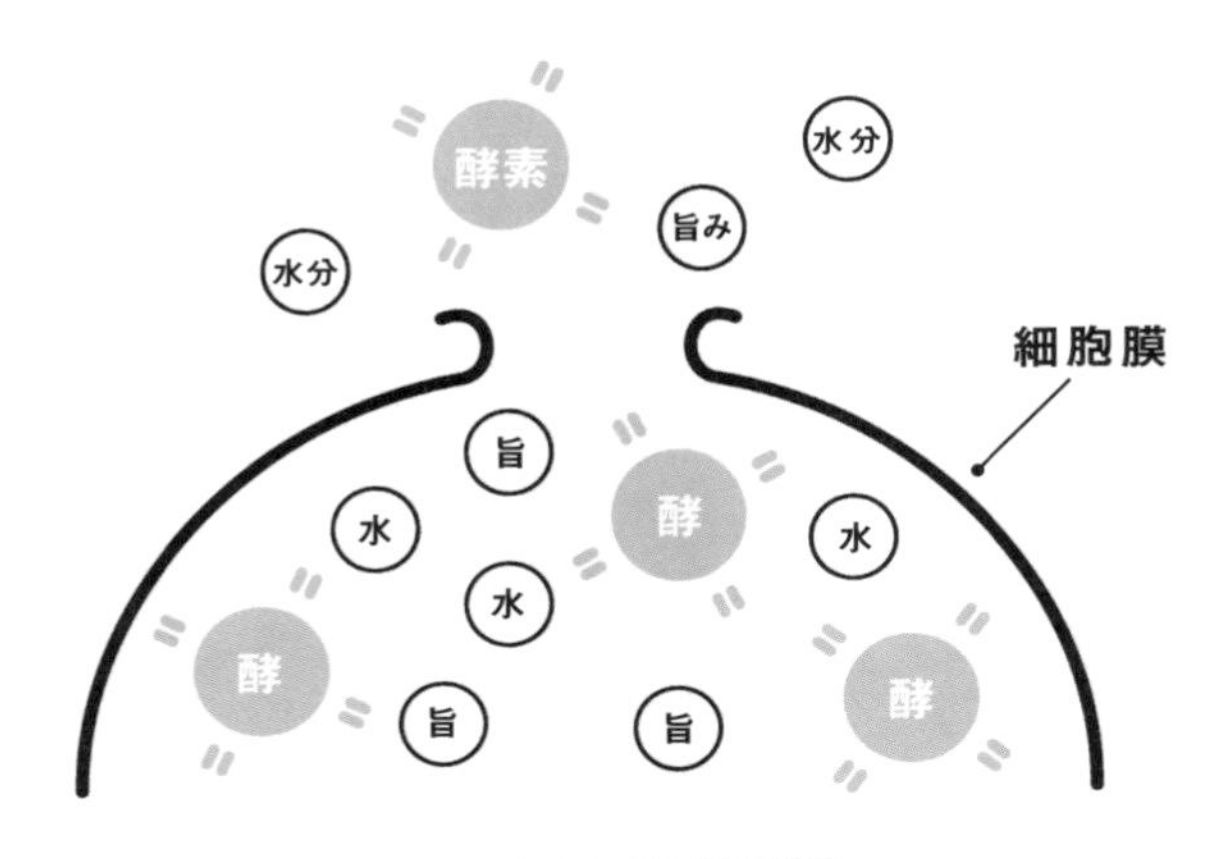

冷やしが不十分な状態

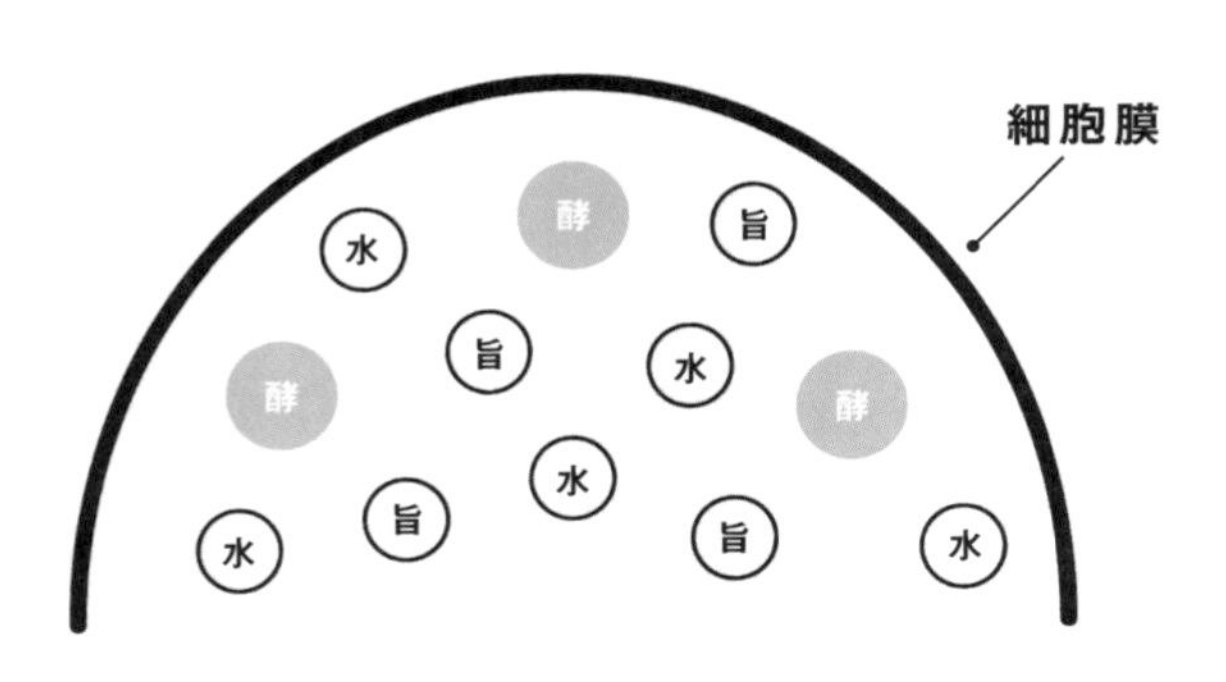

十分に冷やされた状態

らいドリップが出てきます。

そうでなくても、お店で買った刺身を冷やさずに持ち帰っていれば、すでにたくさんのドリップが流れ出た後です。この液体に、本来わたしたちが味わいたかった「旨味」が詰まっていたのに……。


さらにドリップは、イヤな臭いや腐敗の原因にもなってしまいます。

ですから、**ドリップの有無は魚の良しあしを分けるポイントになります**。

スーパーなどでドリップが既に滲んでいるものは避けましょう。刺身を選ぶときは大根のツマがキレイな物を選び、柵（さく）を選ぶときはシートにドリップが滲んでいないものが美味しいでしょう。


そして、買った魚からドリップが出ないようにする方法は、何といっても「冷やす」こと。ただそれだけです。

プロの料理人であれば、抜群に鮮度のよい魚が手に入ります。

でもそうでない限り、刺身や柵、切り身などにおろされている魚を購入する場合がほとんどでしょう。それらの魚は、流通などの関係で水揚げからだいたい1～2日ほど経っていることが多いものです。

もちろん、先述したコールドチェーンによって、鮮度や旨味をキープするための努力は積み重ねられています。

けれど、どうしても皆さんが店頭で手にする魚は、旨味のピークが「残り短い状態」になっていることも事実です。

だからこそ、旨味をキープするために、特に「冷やし」が大切なのです。

同じ鯛でも、がっちり冷やされた魚（上）は、持ち上げても身がピンと伸びたままになる

「冷やし」を徹底した鯛（下）の身は、通常の鯛（上）と比べて青白い透明感がある

今日から即できる
ビニール袋の上手な使い方

さて、ここからは読者の皆さんが実践できる、魚の冷やし方についてお話ししていきましょう。

私は空輪で24時間ほどかかる、香港のミシュラン星付き寿司店に魚を卸しています。一流ホテル内にお店があるため衛生管理が徹底されており、「5〜7℃」に冷えた状態の魚でないと館内に運び入れることができません。そこに私たちは、クール便などを使わず「普通便」で魚を送っています。

そのように、時間が経っても冷えた状態をキープするにはどうしたらいいのでしょうか。

ポイントは「**空気をなくす**」ことです。

そういった、到着に時間がかかるような離れた場所へ魚を送る際には、新聞やキッチンペーパーといった紙材をぴったりと隙間なく詰めるなどして、発泡スチロールの箱の中の空気量を徹底的に減らさなければなりません。

箱詰めの際、ビニールや氷をぴっちり魚体に沿わせて、魚が空気に触れる面積を徹底的になくすことで、フランスや香港、マカオにまで普通便で配送できている

さらに、水が出ないよう袋詰めした氷袋の中も、空気が少なくなるように工夫して箱詰めを行わなければなりません。

なぜ空気量を減らすのかというと、箱の中や袋の中の空気が、外気温に影響されてしまうからです。箱の中の空気が外気温に近づいてしまうと、袋の中の氷が溶けやすくなるなど、温度を上げる原因となってしまいます。

逆に空気が少なければ氷も溶けにくくなるため、**低い温度を何時間も保つ**ことができるのです。

このやり方は、皆さんが普段買い物をする際にも簡単に応用できるので、是非お試しいただきたいと思います。

例えば、スーパーで買い物をする際、ビニール製の買い物袋やエコバッグを使って持ち帰る人が多いと思います。

しかし、その袋の口が空いたままの状態では、外の空気が袋の中に入り、いくら氷や保冷剤を入れても袋の中の空気がそれを溶かしてしまうので、魚はどんどん温められてしまいます。

ですから、パズルゲーム『テトリス』の要領で、空いた部分が少なくなるように、買った物を隙間なく積んでみましょう。それだけで、刺身の味が今までより美味しくなるはずです。

また、最近では保冷バッグなどを使う人がいますが、やはり空気が多い状態では中の温度を保つことは難しい。なので、袋の場合はしっかりと口を閉じ、外から押すなどして空気をできるだけ抜く。保冷バッグも同様に、中の空気をできるだけ少なくすることで、より低い温度を保つことができるようになるでしょう。

空気が入らないように、最後はギュッと袋を結びましょう。ただ、そのままでは持ち帰りづらいでしょうから、買い物の際は軽くてコンパクトになるバッグを2つ用意することをおすすめします。ひとつは口を閉じて「冷蔵庫」の役割をするバッグ。もうひとつは、持ち運び用のバッグです。最近は軽いエコバッグもたくさんありますので、それほど荷物にはなりません。

さらに、袋に入れた氷を使う際にも、**袋の中の空気を抜くことが大切です**。氷と氷の

［図版4：氷袋の空気の抜き方］

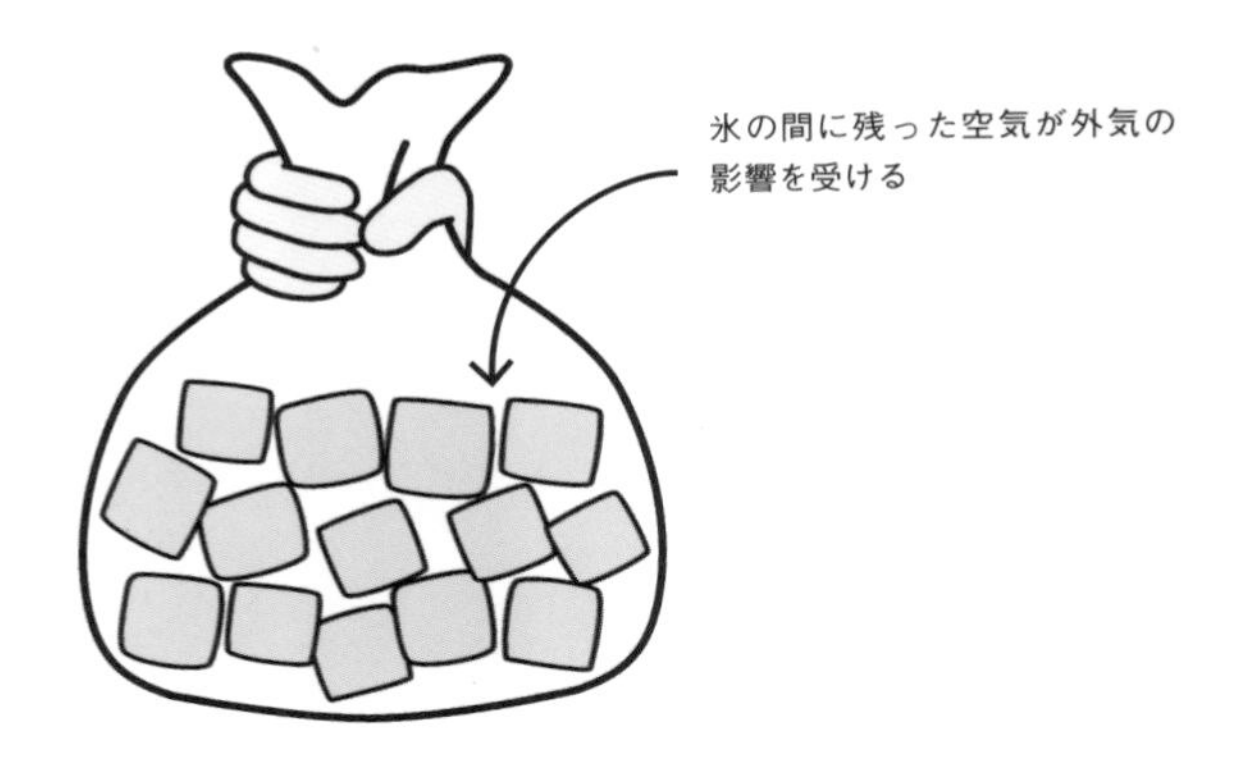

空気が入っていると氷が溶けやすい

氷の間にある空気が抜けて、氷が溶けにくくなる

間に空気があることで、氷はすぐに溶けてしまいます。夏場で外気温が高い場合などはより早く溶けてしまうでしょう。

そんなときは袋をポンポンと軽く叩き、中の空気をできるだけ抜いて口を閉じるだけで氷は長持ちしてくれます。（図版4）

できることなら、袋の空気を抜きながらビニールを強めに引っ張り、結ぶ場所をビニールの端に近づけてみましょう。そうすることで、結んだ後に氷袋を平らに伸ばすことができるため「氷のフタ」の様な状態をつくれます。

また、そうやって低い温度を保ちながら、持ち帰る際には寄り道せずに帰ること。そして帰ったらすぐに冷蔵庫に入れることをおすすめします。

鮮度をキープするための「冷凍」は正解？　それとも……

ただ、冷やしを徹底するという意味で魚を冷凍すればいいのでは？　と思う方もいるかもしれませんが、それはまったくの間違いです。

魚を凍らせてしまうと、解凍する際に細胞を壊してしまいます。後日食べるために冷凍するというやり方は、必ずしも間違いではないですし、マグロなど外海で捕れる大型の魚は凍らせて運んだものを解凍して提供しているケースがほとんどです。

ですが、味や旨味という視点で見ると、解凍された魚というのは細胞破壊によるドリップ流出が始まってしまっているので、その日のうちにできるだけ早く食べた方がいいでしょう。スーパーなどで買った魚はすでに解凍されている場合も多いので、二重に細胞を壊して、旨味を逃しているケースもあります。

そのほかの技術として、一度持ち帰った魚をより長持ちさせるために一般的な家庭にあるものを使った方法もあります。

よく昔の人が、濡れた新聞紙にくるむという方法で魚を保存していましたが、このやり方は、保水という意味では決して間違いではありません。

ただ、現在の考え方では衛生上の問題などもあるので、直に包むのではなくラップなどに包んだ上に新聞紙を使い、冷蔵庫に入れて保存するといいでしょう。

もっと良いのは、アルミホイルを使う方法です。アルミホイルは熱伝導率が高く冷蔵庫の冷気が中身に伝わりやすいので、新聞紙と同じようにラップの上にアルミホイルを使って包むことで、しっかりと冷やしながら保存できます。

また、そうやって冷やした魚は冷蔵庫から出したらすぐに食べることも大切です。もうおわかりのとおり、どんな状態になっても魚にとって常温はよくありません。盛り付けに時間をかけるのも「食を楽しむ」という意味では面白いですが、なるべく素早く食べた方が美味しいのは間違いありません。

なぜ名だたる美食家たちが地方に集まってくるのか

「魚が釣り針にかかった瞬間に、料理は始まっている」

これが数年前から、わたしと仲間たちとの合言葉になっています。

いま、私のいる静岡・焼津では漁師、魚屋、料理人による〝超冷却バトンリレー〟が行われています。

朝、漁師は、魚を釣った瞬間に締めて、至極丁寧な「冷やし」を行う。

昼、魚屋の私は、さらに良い状態になるように仕立てを行う。

夜、料理人は、最高の状態を引き出してお客さんに料理を提供する。

一連の流れで絶対に欠かせないのが、漁師による最初の「冷やし」です。これを始めてから、料理が格段にレベルアップしました。

以前から「魚料理をさらに美味しくできる方法はないだろうか」と、常に己に問うていました。そんなときに2016年リオデジャネイロ・オリンピックが開催され、陸上競技の男子400mリレーで日本チームが銀メダルを獲りました。その光景をながめていた刹那(せつな)、ひとつの仮説が頭に浮かんだのです。

漁師が魚を釣った瞬間から「最適な冷やし方」をリレーすれば、魚はもっと良い状態を保てるのではないだろうか——。

この仮説が現在、静岡・焼津で行われている〝超冷却バトンリレー〟の原型となりました。

「捕獲直後の冷やし」の重要性に気づいてからは、多くの漁師に頭を下げて回りました。けれど、最初はなかなか協力してもらうことができませんでした。

それもそのはずです。漁師は皆、1日にどれだけ多く水揚げできるかを競っています。水揚げを増やすことで生計を立て、家族を養っているのです。

そんなところに魚屋が来て、「1匹ずつ、丁寧に冷やしてほしい」とお願いしたところで、鼻で笑われるのがオチなのです。水揚げ量が減ってしまうのですから、断られても当然なのです。

しかし、幸運にも考えに賛同してくれる漁師がいたり、友人が偶然にも漁師を始めたところだったりで、一人、二人と協力者が増えていきました。

いまだに試行錯誤の連続ではありますが、「漁師から丁寧に扱われている魚」がひそかなブランドとなり、すでに全国の美食家たちが静岡・焼津に集まってきています。

その筆頭が、漁師が船上で特別に締めた鰹です。

捕獲後、数時間以内だけ味わえる、もっちりねっとりした食感が絶品で、「もち旨鰹（うまがつお）」として焼津の新名物になり始めています。

これは恵み豊かな駿河湾をもつ静岡という土地だからこそ、成し得られたことでもあります。都心には無く、地方だけに有るものが必ず存在しています。地方創生が叫ばれる昨今において、地方自治体が目指すべきひとつの理想形がここにはあるのではないかと思っています。

少し脱線してしまいましたが、「魚をきちんと冷やす」ことが、魚にとっていかに大切かおわかりいただけたでしょうか。

家庭の食卓であっても、基本的な考え方は同じです。一般家庭の場合、飲食店でいうお客さんの立場なのは「あなた自身」であり、「ご家族」であったりするでしょう。

お店で購入した刺身や切り身が〝お客さん〟を喜ばせられるかどうかは、家まで継続的に冷やしていられるかどうか、にかかっているのです。

2

最良な冷やし方に答えはあるのか？

私たち魚屋は、魚を冷やすときには氷を使います。

しかし、ただ氷を入れて冷やせばいいという訳ではありません。浜（市場）から店へ魚を運ぶ際、氷を入れた発泡スチロールの箱に魚を入れて冷やしながら運ぶのですが、氷と海水を入れるパーセンテージでも、その冷え方は変わります。

氷を沢山入れれば、当然中は冷える。

しかし、氷が溶けることで箱の中の塩分濃度が落ちてしまえば、魚は沈んでしまい、それは魚にとっても本意ではありません。それでも、魚は冷やさなければならない。

これまでも、そういった問題を何とかクリアするために、海水を凍らせたジュレ状の氷（塩分濃度が落ちず、一瞬で冷やすことで魚を傷めない氷）を使って冷やすなど、この「冷やし」への追求は、いまでも試行錯誤を重ねています。

COLUMN

先日バーに行った際のことですが、バーテンダーがシェイカーを振る姿を見て、この氷の動きはどうなっているのだろうか、どう冷えているのかというのが気になり、それからはお酒が飲めない体質なのにしばらくバーに通って研究しました。

そのうえで、このシェイカーの動きや仕組みは、浜から店へ魚を運ぶ際にも応用できるのではないかと思い至ったのです。

まずは魚をいれる発泡スチロールの箱をシェイカーに見立てて、置く向きや、中に入れた氷と魚の揺れ方などを考えた運び方を思案してみたのです。

実際にどのようにしたのかというと、発泡スチロール内の前と後ろに水を入れ、凍らせたペットボトルを置く。そのペットボトルの周りに氷がまとわりつくことにより、氷が大きな塊となり溶けにくくなるという仕組みです（次のページの図や写真もご参照ください）。

それにより、魚が前後からしっかりと冷えるだけでなく、揺れた箱の中でクッションのような働きをしてくれるため、魚が傷みにくくなるのです。

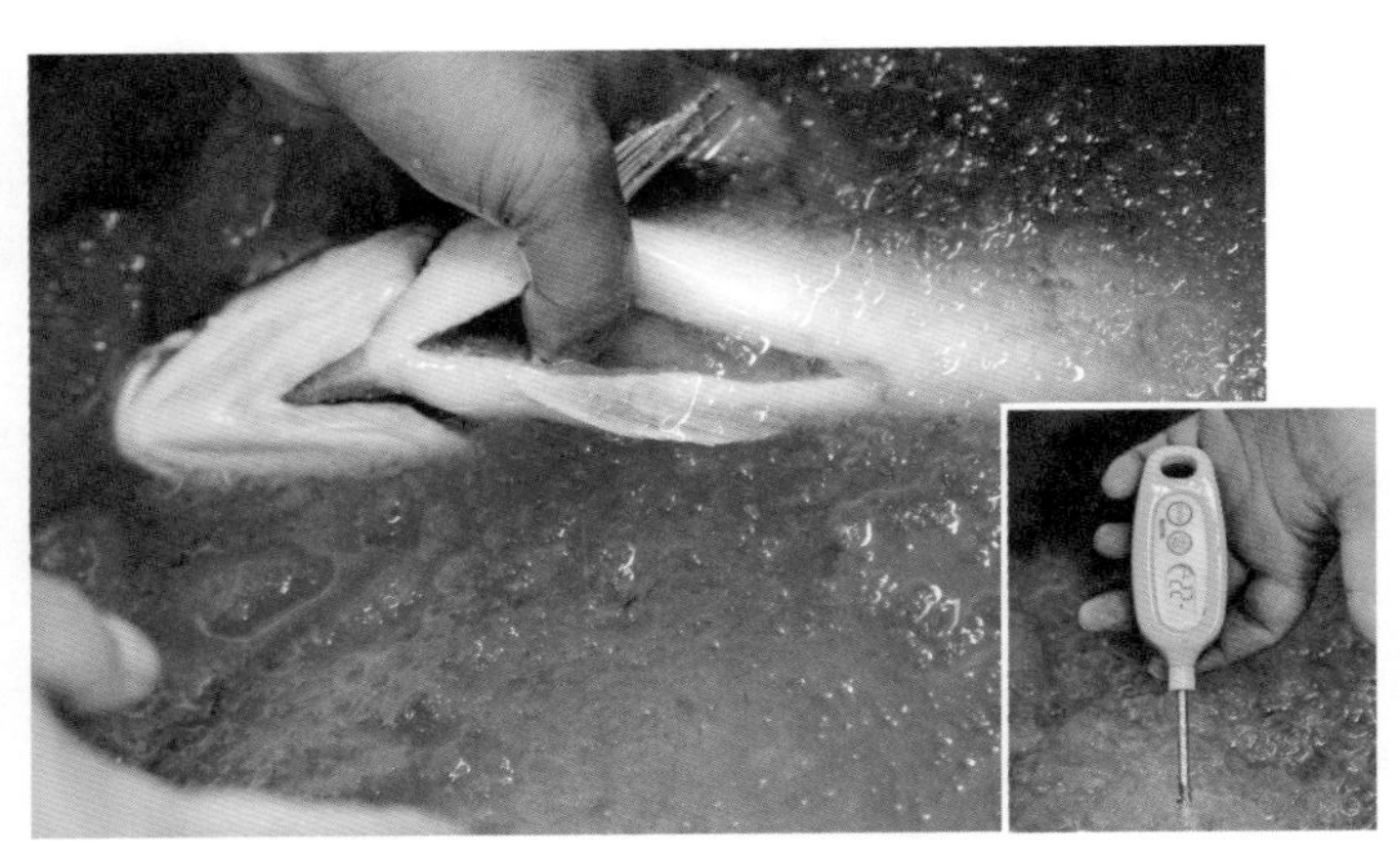

海水を凍らせた“ジュレ氷”を使うことで、0℃よりも冷たくて、かつ魚が凍らないギリギリの温度帯を実現させた。

[ペットボトルを使った冷やし]

トラックの発進と停止によって中の水が揺れるので、魚はそれに合わせて前後に動く。それでもこのやり方であれば、氷が魚の前後でクッションの役割を果たし魚が傷みにくい。

このシェイカーに着想を得て冷やした魚は、私が魚を提供している飲食店からとてもいい評判をもらっていますし、自分で実際に食べてみてもまったく違うと感じます。

ただ、私がいまやっているジュレ氷もペットボトル氷も「冷やし方」のひとつにすぎません。どの魚でも100％通用するという訳ではなく、魚によって温度や塩分濃度を変えなければならないのです。

さらには氷水で冷やすのか、冷蔵庫で冷気に当てながら冷やすのかというやり方も変えていかなくてはいけません。

そして魚がいつくらいにお店に届き、何の料理に使う魚なのかということも考えて対応しなければいけません。

現在は、「羽毛布団」に着想を得た冷やし方を研究しています。通常の海水と氷に加えて、「かき氷」のようなフワフワの氷で魚を包み、梱包する。

これによって、0～3℃の低温帯を、長くて1週間ほど保つことができるようになりました。

サスエ前田魚点では現在、「9種類」の氷を自家製造し、様々な場面で使い分けています。通常は1～2種類の氷で営んでいるケースがほとんどですので、同じようなことをしている同業者の話は、今のところ聞いたことはありません。

冷やし方ひとつをとっても、人を驚かすほどの美味しさを引き出すためには、常に「最適解」を狙って本気でやっていかなければいけないのです。

第二章

水分をコントロールするための「ひと塩」

水分をコントロールすることが魚を美味しく食べる秘訣

第一章では「冷やし」の重要性についてお話ししました。

本章では、それ以外にもうひとつ、私がこだわっている魚の仕立て方である**「脱水締め」**についてお話しします。簡単に言えば脱水というのは、**「ひと塩」**を使って、魚の身に含まれる水分を抜き出す仕立て方です。

よく「人間の体は約60％が水分だ」と言いますが、海を泳いでいる魚の身にも当然水分が含まれていて、その量は人間よりも多いと言われています。

この魚に含まれる水分は、十分に冷やされた状態でないと、細胞膜を破ってドリップとして流れ出てしまいます。

さらには臭いや腐敗の原因になったり、旨味を逃してしまう原因ともなる、というのは第一章でお話ししました。その水分量を、仕立てでコントロールするために行うのが「ひと塩」。つまり脱水締めなのです。

時々、脱水について次のような質問をされることがあります。

「ドリップという水分を出すのはダメなのに、なぜひと塩による脱水は良しとするのでしょうか?」

「ドリップと脱水締めは、何が違うのですか?」

たしかに、水が出るという現象は同じなので、混乱する方がいるのもわかります。

ふたつの違いを簡潔に言えば、細胞膜が壊れているかどうか、になります。

まずドリップの場合は、温度が上がってしまい、活性化した酵素によって細胞を壊された結果、旨味も一緒に流れています。

一方、脱水締めの場合は、ひと塩を振ることで「浸透圧(しんとうあつ)」の力が働き、細胞は壊れることなく、水分だけが体表に滲み出ていきます。

このとき、余計な水分が魚に残ったままだと、それが生臭さや腐敗の原因になってしまいます。けれど、その水分を「脱水」してあげることで、**臭みが一切なくなり、なおかつモチモチの食感に変えることができます。**

ちなみに「浸透圧」とは、濃度が異なる液体が薄い膜(物質を通過させることができる)

を境にして接したときに、濃度を均等にしようと働く力のこと。

脱水締めの場合、ひと塩によって魚表面の塩分濃度が上がった結果、外と内の濃度差を調整しようとして、魚内部の水分だけが皮を通過して滲み出ていきます。

日本料理の「たて塩」をはじめ、浸透圧の働きは、料理の世界ではよく知られています。ただ、少し専門的な話になるので、本書ではこのあたりに留めておきます。


さて、「魚の身に塩を振る」と聞くと、食べた際の味に影響がある（塩っぱくなってしまう）のでは？と思う方もいるかもしれません。けれど、ひと塩した後に、浮き上がってきた水分と一緒に塩気も拭き取ってしまえば、塩気はほとんど気になりません。むしろ味がまるくなり、魚の旨味を上げることもできるのです。


一般的に、お刺身やお寿司など、生（ナマ）で食べる魚に関しては、脱水締めで水分をグッと抜いたほうが、魚はより美味しくなるでしょう。

人によっては、脱水締めで水分を抜いてしまうことで、みずみずしさが無くなるという方もいるのですが、そうとは限りません。水分を抜くことで身がモチモチした食感になります。すると、食べた際の噛む回数が増えて、味蕾（みらい）への当たり方や風味の強さ、余韻なども変わってきます。魚の旨味が引き出されるというわけです。

大切なことは、ひと塩による脱水は〝味付け〟が目的ではないということです。

- 生臭さがなくなり、香りが良くなる
- モチモチした食感に変わり、旨味を感じやすくなる
- 食べた後の余韻も長続きする

これらが示すとおり、脱水締めは魚が本来持っている「旨味を引き出す」という行為です。マグロの刺身などは、ひと塩で赤みも濃くなり、見た目も美しくする効果があります。

スーパーに売っている刺身を食べて、「水っぽさ」や「味の薄さ」を感じたことがある人もいるでしょう。たとえそのようなスーパーの魚でも、**柵（さく）の状態にひと塩することで、旨味はまったく別次元のものにもなり得ます。**水っぽさがなくなり、本来の風味を濃く、強く引き出すことができるのです。

ただプロの世界ですと、無作為に何でも水分を抜けばいいという訳ではありません。料理や調理によっては水分を抜かなかったり、部分的に水分を抜いたりという調節は必要です。

例えば、焼く、蒸す、揚げるなど、火入れする料理に使う魚は、含まれている水分が十分でないと、食べたときにパサパサしてしまいます。

魚料理というのは、魚の水分を上手く利用し、蒸らしながら焼いたり、揚げたりすることで、身をふっくらとさせることもある。つまり、水分が調理器具の役割を担う場合もあるのです。

また、魚の水分は抜かずに塩水にくぐらせることで旨味を立たせる「立て塩」という仕立て方をすることや、逆に塩を多く振って一気に水分を落とすなど、その料理や調理法によって仕立てかたを変えることも大切。そのようなプロの技で、魚の味は格段に変わってくるものなのです。

捌いた魚が動き出す
伝家の宝刀「脱水締め」

さて、もう少し私の話が続きます。もし、「ひと塩」による脱水の方法を早く知りたいという方は、76ページから読んでもらって構いません。

私が専門店向けに行う「脱水締め」とは、魚を三枚におろし、おろした身（フィレ）に塩を振り、浮き出してきた水分を拭き取ることで脱水するという仕立て方です。

この脱水締めによって、魚の旨味が増し、臭みが取れ、冷蔵状態であれば日が経っても鮮度が落ちづらくなります。

脱水締めの工程は、73ページの写真をご参照ください。

私が行う脱水締めでは、まな板に振り塩をする際になるべく高いところから塩を振る。そうすることで、まな板全体にまんべんなく塩が広がります。

そして、身に塩を振る際には、厚みのあるところや、塩がはじかれてしまう脂の多い部分には、節にあわせて強めに振る。そうやって塩を強める、止めるという調節をしながら、丁度いい塩梅（あんばい）で振っていきます。

じつは、この脱水締めを施した際、捌(さば)いた魚がピクピク動くことがあります。

かつて『情熱大陸』というテレビ番組の密着取材を受けたときのこと。「ひと塩」した魚がピクピクと動き出す様子がその番組で放送され、**「死んだ魚が生き返る」**という触れ込みで、大きな反響を呼びました。

その後、先述のＮＨＫ『ガッテン！』でも披露したところ、こちらも視聴者の皆さんにたいへん驚かれました。初めての人にとっては、まるで〝魔法〟に見えるそうです。

これは決して不思議なことをしているのではなく、塩の効果で魚の身（筋肉）が締まり、痙攣(けいれん)することで起こる現象です。

活け締めしてすぐの魚は、筋肉の繊維も生きていた時の状態に近い。そういった新鮮な魚は、塩による脱水締めで身をピクピクと動かすことができるのです。

ただ、魚が動くことで水分が抜けるわけではありません。身が動いても動かなくても、大したことではありません。

私にとって大切なのは、脱水締めをして「水分量をどの程度に調節するのか」なのです。それが魚を美味しく食べていただくことに繋がるのです。

［サスエ前田魚店・前田尚毅の脱水締め］

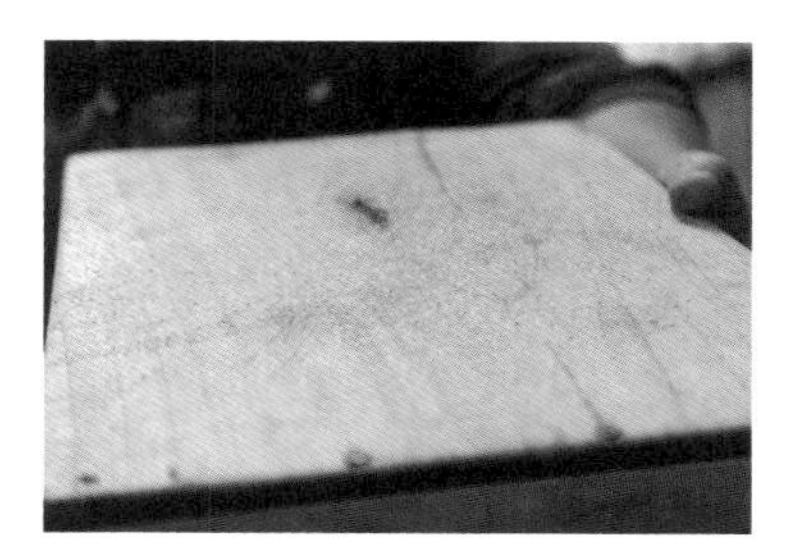

❶ まず、まな板全体に振り塩をする

❷ 振り塩をしたまな板にフィレを載せる

❸ 魚の状態を見極めてふり塩をする

❹ フィレを載せたまな板を傾け、15〜20分間待つ。次第に、水滴が落ちていく

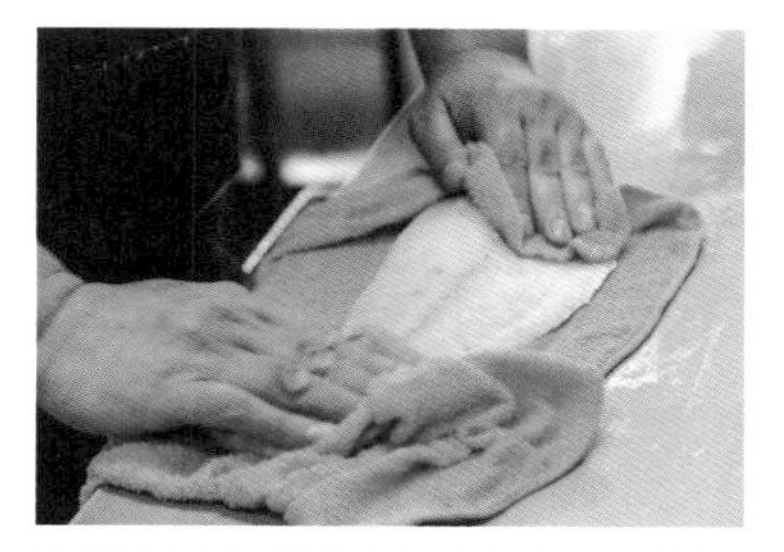

❺ 適量の水分が抜けたら、布巾でフィレ表面の塩気、水分を拭き取る。少し押して水分を出す

❻ ラップはせず、フィレを冷蔵庫で15〜20分間冷やす

3

別格の味わいは「塩」から始まる

このヒマラヤ岩塩は、静岡の業者さんが扱う「手掘り」のものを使用しています。この塩の粒子はミリ単位で均一に削られており、「これぞ」という感触のものを選ばせてもらっています。

もっと言ってしまうと、塩を振るためにバットに入れておく際の量も、湿気を吸ってしまわない適量に制限するなど、店での扱い方にも気をつけています。

この塩を使うようになったのは数年ほど前からです。

私が専門店向けに行う脱水締めは、一流店に足繁く通えるような舌の肥えたお客さんでさえも、驚くほど美味しいと感じてくれるような、そんな魚を仕立てるための重要な作業になっています。

例えば使う塩ひとつにしても、私が現在、脱水締めに使用しているのは、「ピンクソルト」などと言われるヒマラヤ岩塩です。この塩にも細かなこだわりが詰まっています。

ど前です。何十種類もの塩で試してみて、塩の入り方や水分の抜け方などを見て、一番いいものがこの塩でした。

誰も知らない、誰も気付かないような細部まで徹底しなければ、お客さんの想像をさらに超える仕上がりには到達できません。そんな熱意が、私が魚を提供している料理人たちや、料理を食べたお客さんたちにも、味を通して伝わっているのだと思います。

2021年には、大変光栄なことにフランスのレストラン格付けガイド『ゴ・エ・ミヨ・ジャポン』で、生産者に贈られるテロワール賞を受賞しました。

日本ではあまり知られていませんが、『ゴ・エ・ミヨ』は、海外では『ミシュラン・ガイド』と双璧をなす権威あるグルメガイドです。スターシェフ達とともに、そこに魚屋として唯一選ばれたことは、「脱水締め」をはじめとしたこれまでの熱意が認めていただけたものだと、素直に嬉しく思っています。

近所のスーパーで買う魚でも「ひと塩」の脱水締めによって美味しくなる

脱水締めというのは、一般のご家庭で魚を食べる際にも有効な仕立てです。塩を振ることで得られる「余分な水分を抜く・調整する」「旨味をプラスする」「品質を保つ」という効果は、誰でも再現することができます。「ひと塩」によっていつもの魚が劇的に美味しく食べられることは間違いありません。

まず、ご家庭での脱水締めが有効なのは、タイやヒラメなどの**白身系の魚**です。そういった魚は身の味が繊細で、ひと塩による相乗効果が期待できます。

また、アジやサバ、イワシなどの**青物**も、もともと塩で締めて食べることが一般的な魚なので、脱水締めのひと塩をしてもいいでしょう。

そのほか、例えば**マグロ**は無理にやらなくてもいいですが、余分な水分を抜くという意味と、赤身の発色を良くすることができるという意味で、ご家庭での脱水締めは効果ありと言えるでしょう。

イカも、塩を振るのではなく塩水にくぐらすなどで塩味を加えてやるのは、甘みを引き立てるための工夫のひとつです。

逆に、**貝類**や**甲殻類**はもともと塩味が含まれているので、塩を加えるのはよくありません。それと、**カツオ**のように本来の身の味を楽しむことが醍醐味というような魚は、無理に脱水締めで仕立てるのではなく、そのままでも十分に美味しく食べられるような、鮮度や味のいいものを吟味して購入することをオススメします。

やり方もカンタンなので、ぜひ一度お試しください。

まずは魚に「ひと塩」して、15分ほど置いておきます。すると、水分が浮き上がってくるので、布巾（ふきん）などできれいに拭き取り「脱水」してあげます。

次に、ラップをかけずに、15分ほど冷蔵庫で「冷やし」ます。冷やし終わったら、少し湿らせた布巾などで、表面についた余分な塩を軽く拭き取る。

あとは、ラップをかけて冷やしておけば、いつでも刺身として食べられます。

振り塩の量については、柵1本あたり「表裏それぞれ、塩3~5つまみ」を目安にしましょう。魚に含まれる水分量が多ければ、塩はやや多めに。逆に水分量が少ない魚なら、やや少なめに振りましょう。

さて、一般のご家庭では、一匹丸ごと購入して三枚におろすというよりも、柵や切り身といったすでに捌かれた魚を購入して食べることの方が多いでしょう。刺身で食べるための柵の魚は、ひと塩で脱水するといいと思いますが、加熱用の切り身の場合は、塩が入りすぎてしまうと味が変わってしまうので、臭い取りという意味でほんのひとつまみの塩を振る程度でいいでしょう。

ここまで読んで「よし、ひと塩を試してみよう」と思われた方は、ぜひ柵でチャレンジしてみてください。すでにひと口大に切ってある刺身に比べると、ひと手間加えるのは、少し面倒に感じるかもしれません。けれど、空気に触れる時間や面積が大きくなるほど、魚の鮮度は落ちていくものです。その点、すでに切られた刺身よりも、柵から切り出す刺身は「ひと塩」によって旨味のポテンシャルを引き出せる可能性が大きいのです。

多くのお店では、丸魚を三枚におろしてフィレにしてくれるサービスもやっていますので、「ひと塩」を試す際にはぜひ利用してみてください。

[一般の家庭でもできる脱水の方法]

❶ まな板全体に、缶や茶こしを使って均一に塩を振る

❷ 振り塩したまな板に魚を載せたら、❶と同じ方法で振り塩する

❸ まな板を傾けて約15分、水分を抜く

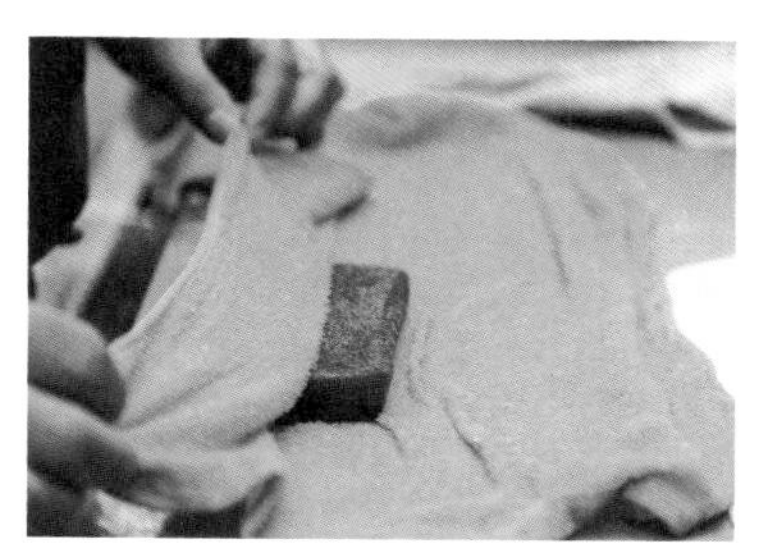

❹ 適量の水分が抜けたら、布巾などで表面の塩、水分を拭き取る

❺ 皿にラップを敷いて魚をのせ、冷蔵庫で15分以上冷やす。2時間以内にラップをかける

[注意点]

- 均一に塩を振るために、市販の缶や茶こしなどを使うと◎
- キッチンペーパーは、水分を吸いすぎるので使わないほうがベター
- まな板を傾ける際、角度をつけすぎて魚が滑り落ちないよう注意する
- 夏場の暑さや暖房などで脱水中に魚が乾かないよう注意する

科学的にも「うまい」と証明された
ひと塩による〝魔法〟の力

「ひと塩」による脱水締めが生まれたきっかけは、本当に偶然です。

私たちのお店、サスエ前田魚店では、干物を作る際に塩水を使います。

ある日、いつものように干物にする魚をおろして、その横で塩水を用意していた時、塩が魚の身に振られてしまいました。

すると、どうでしょう。魚がピクピクと動き出したではありませんか。

よく見ると、その部分の身だけ水分が出てきて、色も澄んできたことがわかりました。

その瞬間、「あ、これは塩の効果だな」と直感しました。

もしかしたら寿司店がやっている「昆布締め」のような効果があるかもしれないと、色々な魚で試してみたのが始まりです。それが10年以上も前のことになります。

当時、銀座の寿司店に脱水締めで仕立てた鯛を送ったところ、それが格別に美味しいと好評を博したのです。

以来、長い間この脱水締めを追求し、さまざまな魚に応用してきました。そうしているうちに、この寿司店が**すぐにミシュランで星付き店と認められ、**「ひと塩」による脱水が旨味を増やすことを確信したわけです。

実は、脱水締めの効果は科学的にも証明されています。

静岡県水産技術研究所の二村和視氏は、神経締めを施したクログチやイサキという魚に私が行っている脱水締めをして、冷蔵庫で冷やしながら1週間の変化を測定しました。すると、脱水締めによって、旨味成分であるイノシン酸の含有量が増えている事がわかりました。さらには、腐敗を表すK値の増加を抑えることも明らかになったのです。

次ページのグラフをご覧ください。

脱水締めからすぐにイノシン酸が急増し、約1日後には最高値となっています。（グラフ1）

この1日後というのは、私が仕立てをした魚を料理人が購入し、料理になってお客さんの口に入る、丁度いいタイミングです。

逆にK値は、緩やかに増加はするものの、1週間立っても20％程度という試験結果が出ています（グラフ2）。

［グラフ１：脱水締めによるクログチのイノシン酸の変化］

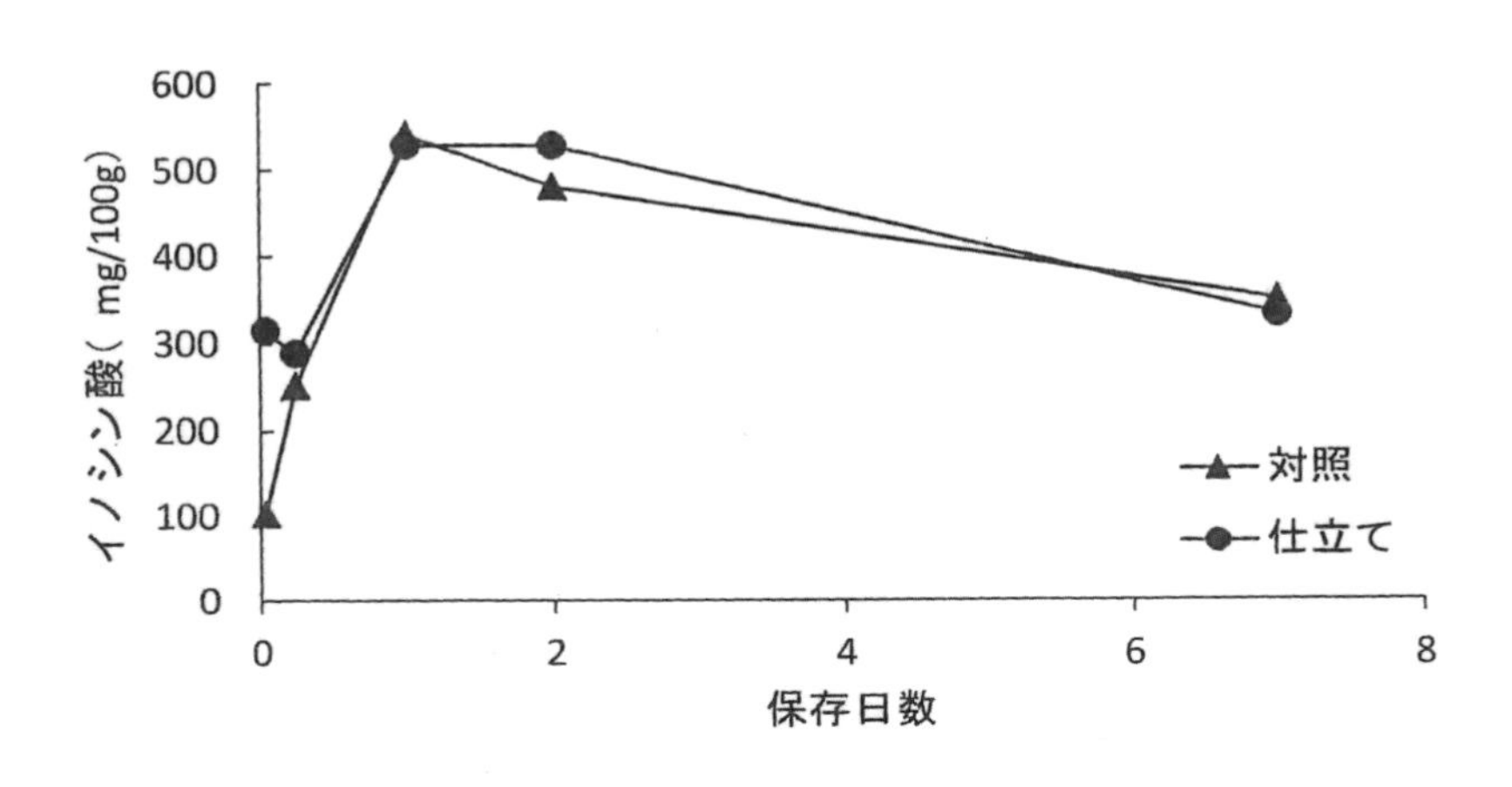

［グラフ２：脱水締めによるクログチのＫ値の変化］

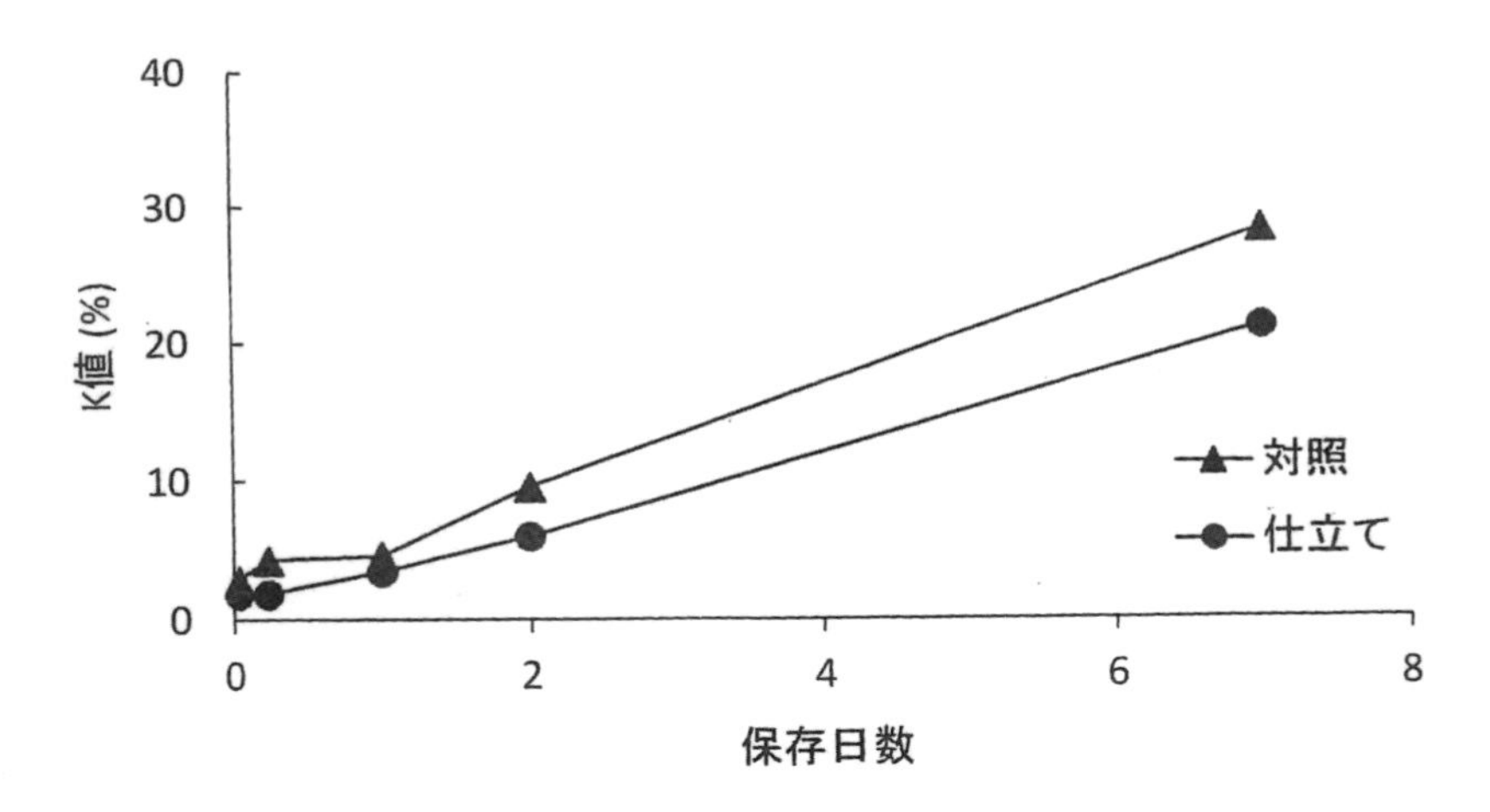

つまりは、脱水締めすることで旨味成分が急増し、品質を低下させずに鮮度を保つことができるということを、数値によって科学的に示すことができたのです。

レポートのなかには、このような面白い一節もありました。

――神経〆(じめ)したクログチ、イサキを仕立てた場合、試験開始1時間後、6時間後までにイノシン酸含有量が急激に増加した。（中略）これらからイノシン酸含有量の急増は「仕立て」により引き起こされたと推察された。しかし、この急増の理由については不明であり、（中略）さらに研究が必要である――

〝美味しくなっているけど、はっきりとした理由はまだわからない〟というわけです。

私から言えるのは、こういった言語化できない感覚で勝負しているのが「職人」であり、「職人技」の真骨頂なのだということです。

4

スターシェフとの切磋琢磨②

忘れられない「ひと皿」との出会い

私が脱水締めを追求しはじめたのは、銀座の寿司店「よしたけ」に卸した花鯛が評判を呼んだことがきっかけです。「よしたけ」がミシュランで三ツ星を獲得したことで、業界内で知られるようになり、たくさんの人たちと出会うことができました。色々な意味で、私を飛躍させてくれた恩のあるお店です。

『ミシュランガイド東京』で三ツ星を獲得している「レストラン カンテサンス」の岸田周三（きしだしゅうぞう）シェフとも、その名店との繋がりが広がって出会うことができました。

いまでは戦友とも言える関係となったこの岸田シェフも、その料理で私を驚かせてくれる一人です。

あるテレビ番組の収録で、私が仕立てた魚を岸田シェフが料理するという企画がありました。クエのローストを作ってくれたのですが、それが私がいままで食べたクエの中でもダントツに美味しかったのを覚えています。

そのクエ自体も、何年に1本あがるかという名品だったことは間違いないのですが、それを岸田シェフが料理したことで唯一無二の味になったのです。

その料理は、適度に水分を抜いたクエを厚めに切り、表面だけをこんがりとロースト、中は予熱で半生に仕上げるという絶妙な火入れをしてありました。脂ののったクエの味を引き立てるために、マスカットビネガーとドライトマト、玉ねぎ、オリーブ、ケッパーなどで作った酸味の効いたソースで食べるという斬新なもの。

実は私は野菜が苦手で、本来であればそういったソースは避けたいと思っているのですが、この岸田シェフが生み出した料理では、主張の強いクエの脂と酸味の効いたソースをしっかりと融合させることで、重たすぎない最高の状態で楽しむことができる、まさに究極の一皿と言えるものでした。

感動するほど美味しいものに出会えるチャンスはめったにありませんが、この岸田シェフのクエのローストは、今でも忘れられない料理のひとつです。

第三章
美味しい魚と出会うためには

小顔の魚を選ぶべし！
前田流魚の見極めポイント

ここまで、第一章で「冷やし」、第二章で「ひと塩」といった形で、どのような処理をすれば魚を美味しく食べることができるのか、という私なりの考えを説明してきました。

続いてこの第三章では、美味しい魚の特徴など、基本的な知識をおさらいしつつ、実際に購入する際の注意点などもお伝えしていきます。

美味しい魚の条件というのは何でしょうか。

よく近所のスーパーで、「朝捕れ」「新鮮」というチラシやのぼりなどを見ることがあるかもしれません。魚は生き物なので、食べて美味しい魚の条件として、捕られてからどれくらい時間が経っているのかという観点からいえば、「鮮度」はとても重要な要素のひとつだと思います。

しかし、第一章でも言った通り、その鮮度を維持するには十分な冷やしが必要なので、その保存方法や輸送方法によっては、朝捕れたから必ず新鮮だという訳ではありません。さらに、仮に捕れたあとすぐに店頭に並んでいたとしても、海や川を泳いでいた時点ですでに良い魚ではない場合もあります。そういう魚は、食べてもイマイチ美味しく感じられないことが往々にしてあります。

ですから、お店側の謳(うた)い文句はいったん忘れましょう。美味しい魚は必ず、実物を見たときに共通のポイントがあるものです。

では、魚を購入する際にどんなことをチェックすればいいのかと言うと、私がまず注意して見ているのは「魚の顔」です。

魚の顔、つまり頭の部分は体の大きさに対して小さい頭で、小さい目をしている。そういう**「小顔の魚」を選びます**。

なぜ小顔の魚が良いのでしょうか。

それは、餌を探すのに苦労せず育ち、体に栄養が行き届いているからです。海の中を素早く泳ぎ餌を豊富に食べていた魚は、頭は小さいままで、目を大きくする必要がなかった。それだけいい場所に生息していたという証拠になります。例えば同じアジでも、大きな太平洋で育ったアジは違います。血眼になって魚を探し、広い海を泳ぎ回ってきたので、頭や目は大きくなります。

一方で、駿河湾のような川から淡水が流入してくる湾内で育ったアジは、豊富なプランクトンに集まったエビなどの甲殻類を好きなだけ食べることができる。そういう魚は栄養が十分にとれているため　顔が小顔のままなのです。ちなみに、顔はそれほど脂肪がつかないので、どれほど肥えても小顔のままでいられます。

そのほかに「体の色」でも明らかな差が現れます。

例えば青物はヒレが**「黄色い」**ほうがいい。そして、体が**「白っぽい」**ものが、栄養のとれたいい魚だと言えるでしょう。

先ほどの例で言えば、栄養分がたっぷりとある駿河湾で育ったアジは、体が「白く」て、ヒレは「黄色」がかっています。

けれど、湾の外海を回遊しているアジは、栄養が足らず、体は「黒っぽく」なってきます。左ページの写真を見てもらえば、一目瞭然でしょう。

上が良いアジ、下が普通のアジ。しっかりと栄養がとれているアジは体が白っぽくてヒレが黄色い。

肛門周辺の張りをチェックしてみると、魚の状態がわかる。良いアジ（上）は弾力があり、脂がのっている。悪いアジ（下）は内臓が溶けているため、お腹が凹んでしまう。

アジ、イワシ、サバといった青物は「回遊魚」とも言われます。エサを探して、広い範囲で移動を続けるさまから名付けられました。

けれど、実際には「回遊しない」青物もたくさんいるのです。それが〝根付き〟などと言われる魚たちで、釣り愛好家にはお馴染みの存在です。

なぜ魚たちが回遊をやめてしまったのか。

その答えはシンプルで、エサが豊富な場所を見つけたからです。

何不自由なく生きていける最高の場所を見つけた魚たちは、エサを求めて移動する必要がなくなり〝根付き〟になる。そうしてスクスクと肥え育った駿河湾の〝根付きアジ〟などは、小顔で体は白く、ヒレが黄色っぽいという特徴が顕著です。

そしてもちろん、味わいも抜群です。大好物の甲殻類やプランクトンを食べたいだけ食べていますから、身に脂がのっていて、風味も芳醇なものが多いのです。

皆さんもぜひ、店頭で体色を比べてみてください。白っぽかった、黒かったり、それそれが宿していた生命力の違いに気が付くはずです。アジやイワシなど、頭が落とされた切り身の状態でも、ある程度は体色の違いを判別できます。

それと、**肛門から尻ビレの辺りが張っている魚も脂があります**。この部分が張っているというのは、たくさん食べて消化している証拠。逆に栄養が足りない魚はここが凹んでしまっていて、全体にも脂がのっていないのです。

また、表示ラベルによっては、魚がどこで水揚げされたのかがわかります。自然や地理に詳しい人であれば、外洋で育った魚なのか、恵み豊かな内湾で育った魚なのか、ピンとくるかもしれません。折角食べるのですから、少しでも美味しい魚を選びましょう。

群れにいる「たった一匹」のアジが高級マグロを超える

では、良い環境で育ったアジの群れならば、どの個体も同じように美味しいかと言えば、それはまた違います。群れのなかでも、栄養をたっぷり蓄えている個体と、それほど栄養が回っていない個体の両方がいるのです。

さらに言えば、群れのなかで一番美味しい可能性が高いのが**「先頭を泳ぐアジ」**なのです。

「先頭を泳ぐアジ」とは言葉のとおり、大きな群れで先頭集団にいる個体を指します。天敵とばったり出会ってしまう可能性も高いですが、同時に、群れのなかで最初に食事を見つけていただくことができます。だから、一番栄養が豊富なおいしいエサを選んで食べて、育っていきます。

すると発育がよく、立派に成長して泳ぎも速くなる。そうして、常に群れの先頭を泳いでいられる唯一無二の個体になっていくわけです。

ですから私は、市場の競りで「先頭を泳ぐアジ」を必ず仕入れるように努めています。この「先頭アジ」を魚屋と料理人がきちんと仕立てると、アジとは思えない芳醇で濃厚な味わいを引き出すことができるのです。

極端にいえば、**50円で仕入れたアジが、5万円のマグロにも勝る食味になることがあるのです**。馬鹿げたことと思われるかもしれませんが、私と仲間の料理人たちは、これまで数えきれないほどの場面で、そうした料理を演出してきました。50円のアジが、5万円のマグロに優る。それを実現させるのが職人の技術であり、醍醐味だと思っています。

たとえ美味しいものを食べても、値段が高い安いという金額の多寡では人の記憶には残りません。

「今まで食べてきたアジとは全く違う」

「さっき食べたマグロより、このアジのほうが断然おいしい」

そのような食の体験を提供することこそが、私たち専門家が目指すべきところであり、また、専門家だからこそ創出できる付加価値なのです。

鮮度の良しあしは
まず「ヒレ先」を見るべし

魚の状態を見れば、鮮度もだいたいわかります。

最もわかりやすいポイントは「ヒレ先」です。

もし、ヒレ先がパサついて白くなってきていたり、血が滲んで〝うっ血〟して赤くなっていたりすると、鮮度が落ち始めている証拠です。

逆に、ヒレ先が湿ってツヤツヤしており、キレイな発色をしている状態であれば、鮮度が良い状態です。

ヒレや鱗にある〝ぬめり〟は、乾燥から身を守るために粘膜で覆われているということ。つまり、締められてから時間が経っておらず、鮮度が高いという証拠なのです。〝ぬめり〟が見えると、ちょっと敬遠する方もいるかもしれませんが、むしろ積極的に買ったほうがよい個体と言えます。

人間も、調子が悪いときには、血の気が引いて「ツメ先」が白くなります。あるいは、熱っぽいときには、ツメ先が充血することもあるでしょう。不調時の兆候は「人はツメ

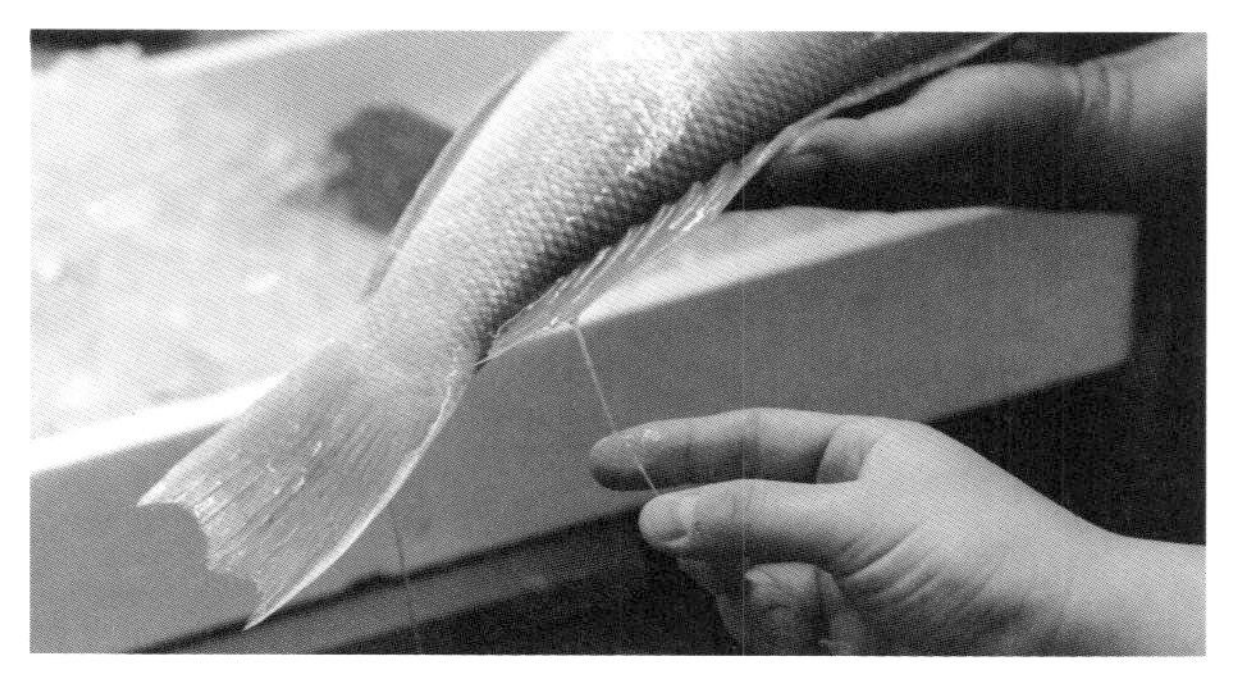

鮮度がよいほど、粘膜が表面を覆っていて潤っている。

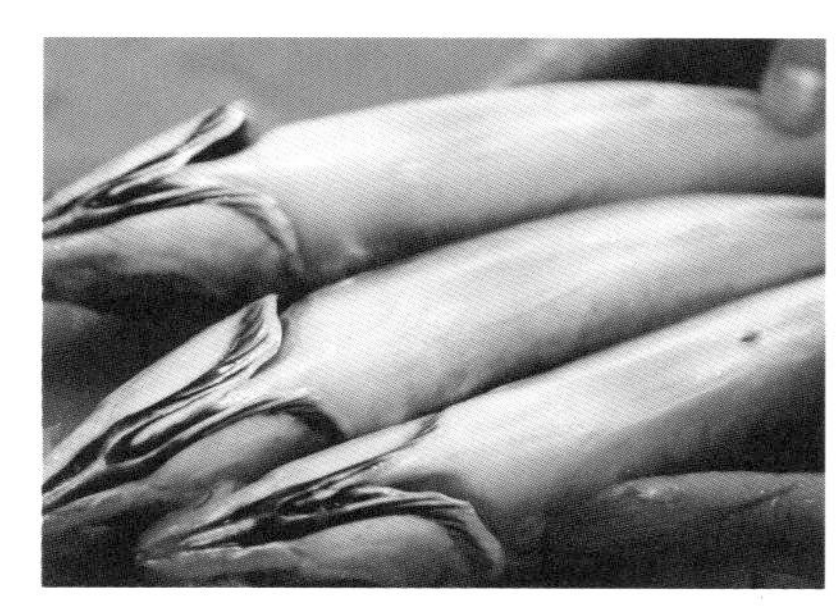

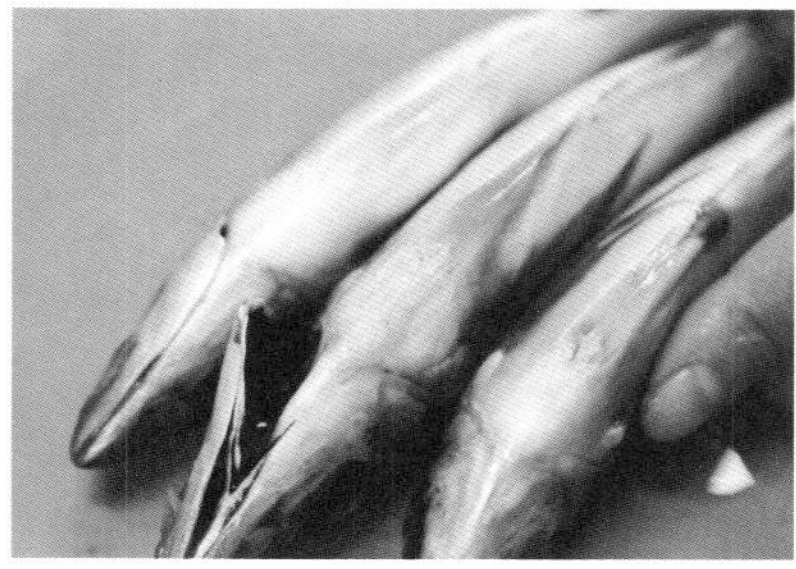

鮮度がよくて扱われ方もよければ、胸びれは白くてキレイ（写真左）。一方、鮮度が悪いか、扱われ方が雑だと、ヒレ先に血がにじんでいる（写真右）。

目の全体が濁っていると鮮度はよくない（写真右）。一方、目に透明感があるか、または1点のみ白くなっている個体（写真左）は、きちんと冷やされて状態がよい。

先、魚はヒレ先」からくるわけです。

魚にはいくつかヒレがあります。なかでも面積が大きい「尾びれ」や「胸びれ」は変化が表れやすいので、鮮度を確認する際の目安にしてみてください。

また、エラの粘膜部分から血が滲み出ているようなものも、鮮度が悪く身全体が生臭くなってしまった状態です。


そのほかには、**「目」も鮮度の良しあしがわかる大切なポイントです**。

目が白く濁ってボケているものは状態が悪い証拠。透明度の高い澄んだ目をした魚を購入しましょう。また、目の1点のみが白い場合は、逆にしっかり冷やされた個体です。

黒目の部分が極めて小さくなり〝ギョッとした表情〟になっている個体も避けたほうが無難。苦しみながら締められて、食味が落ちている可能性があります。

また、あまり歓迎される行為ではありませんが、魚を直に触る機会があれば、触って身にしっかりと弾力があるものはいい魚で、柔らかいものは悪い魚です。冷やしが不十分の魚は時間が経つと、細胞が壊れて身がゆるくなり、水っぽくなってしまいます。そうなると食べたときに弾力もなく、美味しく感じられないのです。

魚の生年月日を知れば美味しい魚かどうかが分かる

美味しい魚を知る方法として、その魚の「**生年月日**」を知るのというのも大切な要素のひとつです。幼魚として生まれた時という意味ではなく、ここでは「水揚げされた時」を生年月日と呼びます。

一般的に、体に厚みのある太った魚は、脂があって美味しいとされています。それは間違っていないのですが、ただ太って大きい魚がすべていいという訳ではないので注意が必要です。

魚は産卵期になると、卵や白子が大きくなることで腹が膨れ、太っているように見える場合があります。そういう魚は、残念ながらすでに美味しさのピークを過ぎてしまっています。そして、すでに卵を産んでしまった魚は、産むことに力を使い果たしてしまった後なので、体内に旨みや栄養は残っていません。そういう魚の持つ活力というのは、ヒレや粘膜の状態にも現れてくるので、当然見た目にも分かります。

また、どんな場所で、どんな漁法で捕られ、どんな処理をされ、どこからどうやって運ばれてきたのか。それらの要素も美味しさに直接関係してきます。つまり、生年月日を知ることで、魚の状態を大方予想することができるわけです。

そこまでいくと、読者の方々が目利きするには難易度が高すぎますので、専門家の話として知っておいていただければ十分です。

「場所」で言うと、「荒波に揉まれた魚がうまい」などという神話を耳にすることがありますが、それは正解ではありません。先述のとおり、潮流の激しい外洋から来たお腹を空かせた魚よりも、食べるものが豊富にある内海の魚のほうが栄養をたくさん取っているのは当たり前です。

「漁法」にしても、1本ずつ丁寧に釣られた魚もいれば、巻き網漁や底引き網漁などで一気に大量に捕られた魚もいる。大量に捕られた魚は、網の中に何十、何百という数の魚がひしめき合った状態で水揚げされます。上層部にいる魚は良くても、下層部にいる魚には何十キロ、何百キロという全体の重さがかかっているので、それだけでも大きな負荷になってしまいます。そんな魚は、体表がスレて傷付いているので、皆さんも店頭で見てすぐにわかるでしょう。

目が血で濁っていたり、苦しそうに口が開いていたりする魚は、そういうストレスがかかる状態で捕られた魚です。


そして、魚の鮮度を保つためには、「処理方法や運ばれ方」などがとても重要。食感や風味に直結する鮮度は、捕られた直後から落ちてきてしまうので、どれだけ素早くいい処理をしているか。そして、どれだけ早く運ばれてきているかなども注意深く見てみるといいでしょう。

血抜きの痕や神経締めの痕があるなど、きちんと処理がされている魚。そして、なるべく近くの海で捕られていて、捕られてから時間が経っていない魚。そういう「地魚」などは、美味しい可能性が高いのです。

このように、魚にも人と同じく、それまで育ってきた、生きてきた歴史があり、捕られてから店頭に並ぶまでの状況も含めた「生年月日」があるのです。

それをしっかりと知ることで、美味しい魚に巡り会える確率はグッと高くなるはずです。

スーパーなどの一般小売店で出会うことができる美味しい魚

ウチ（サスエ前田魚店）は小売店もやっていますが、お客さんは刺身用に捌いた魚、干物などをよく買ってくださいます。今でこそ、グランメゾンや星付き店への仕立てが知られていますが、小売こそがウチの本業です。地元のお客さんたちに捌いて提供するまでが、魚屋の仕事でもあるのです。

ただ、ウチのように地元の豊かな海（駿河湾）があり、常に地元の魚を扱うことができるお店と、外洋で水揚げされた魚をまとめて大量に仕入れるスーパーなどの一般小売店では条件が異なります。大量に捕られた魚を、より安く多くの方に提供できるのがスーパーの魅力ではありますが、そのすべての魚に完璧な処理をして提供するのは難しいもの。人員的にも、技術的にも限界があるでしょう。

だからこそ、消費者はきちんと見極めて購入して、本当に美味しい魚と出会えるように心掛けましょう。

読者の皆さんは、私たち魚屋のように市場や港で直接目利きするわけではなく、スーパーなどの一般小売店で〝誰か〟が選んだ魚を買うことがほとんどです。だから、どんな魚であったかが多少わかりにくくなっています。それゆえ、よりシビアに「見極め方の基本」を意識したいところです。

捌かれていない状態の「丸魚」で買う場合をのぞき、生魚は「フィレ」「切り身」「柵」「刺身」で買う事がほとんどです。それぞれ見るべきポイントも異なりますので、いくつか大切なことを覚えておきましょう。

まず、「フィレ」や「切り身」の場合、血合い（背と腹の間にある赤色の部分）の色を見ればいい。**血合いが澄んだ赤色だと鮮度が良い魚です**。悪くなると血合いは茶や黒っぽく変色してきてしまいます。

ほかにも、わかる人は腹部分の張りや切れ目を見るといいでしょう。腹部分は内臓を収めていた場所なので、そこが溶け始めているものは鮮度が悪い魚です。張りが無いので上手く包丁が入らず、切れ目がガタガタになっていることが多いのですぐ分かります。

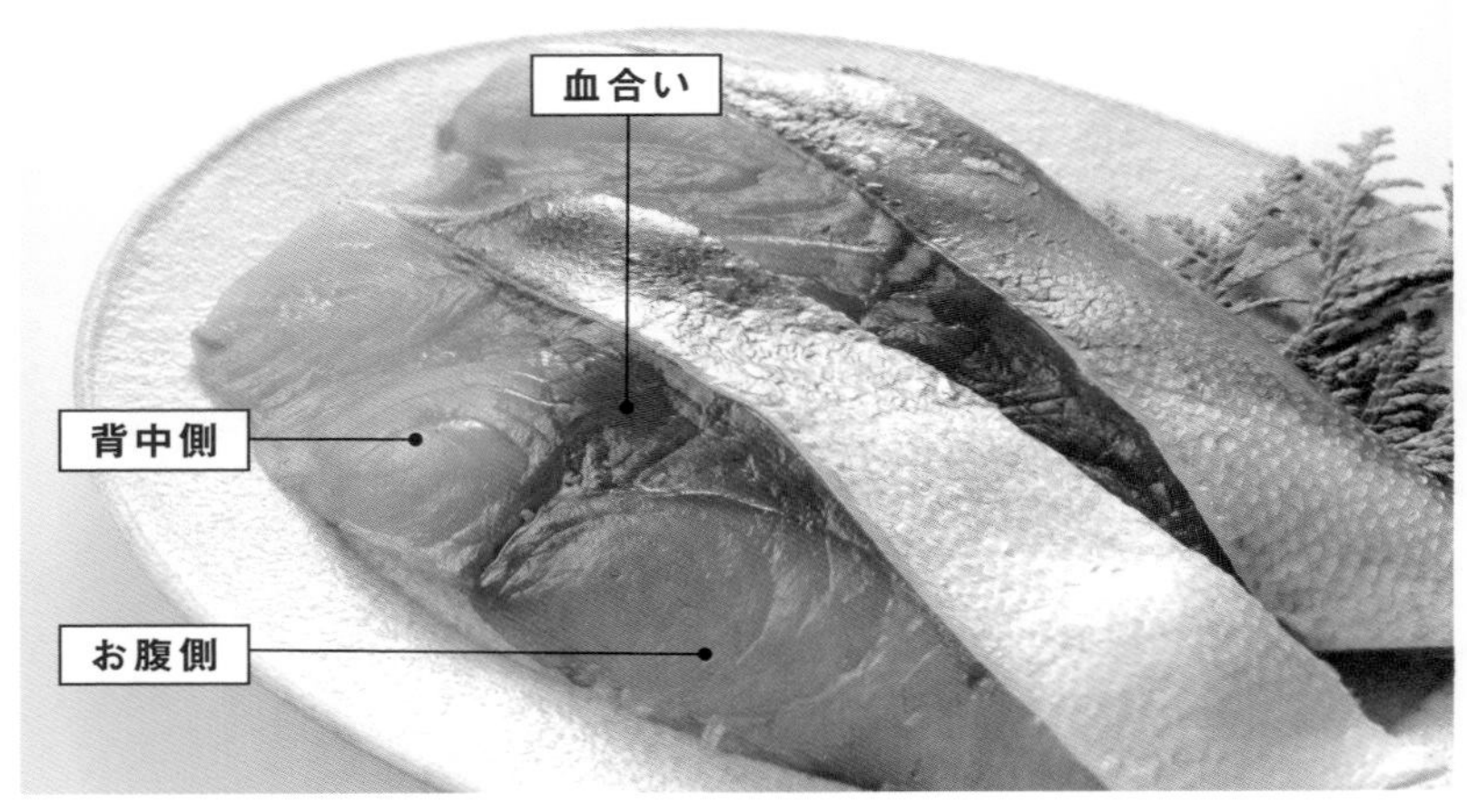

血合いの色合いや"お腹側"の張り具合で鮮度の予想ができる

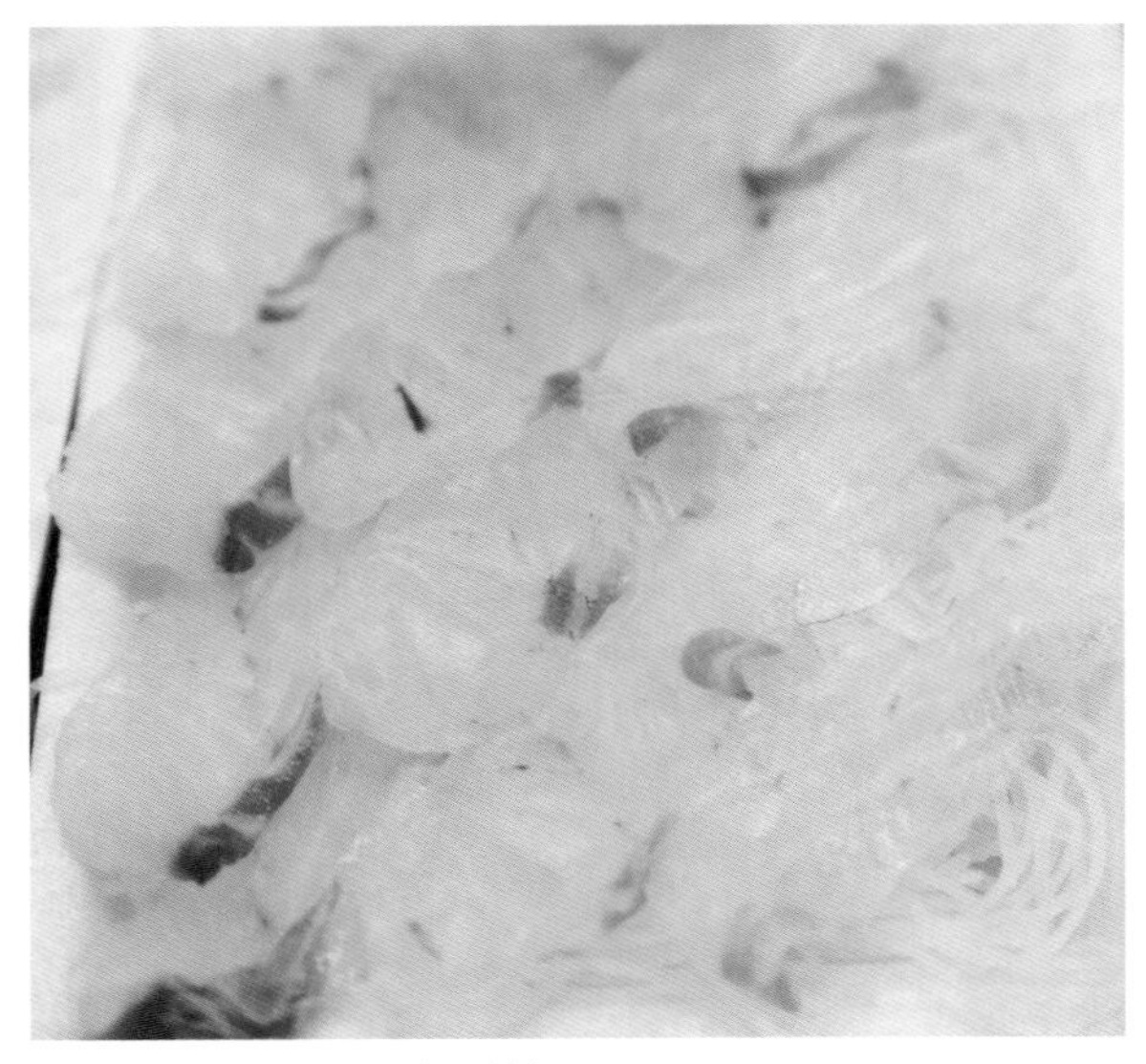
水あめのような輝きを放つ鯛の刺身

刺身やお造りを買う場合、白身の魚と赤身の魚で見るべきポイントが変わります。

白身魚の場合は、透き通るような見た目であれば鮮度がよいといえます。**白身に光沢があって〝水あめ〟のような色合いのものを探しましょう**。

赤身魚の場合は、「切り身」のときと同じように、まずは血合いが鮮やかな色をしているかを確認します。そして、皮を引いて(取り除いて)あるものであれば、ピカピカした銀色の部分がキレイかどうかもチェック。銀色がキレイなものほど新鮮と言えます。

総じて、白身も赤身も「自然な光沢」が残っているほど、鮮度がよい証拠です。イカの刺身についても、透き通るような色のものが新鮮です。

ただ、ひとつだけ注意してほしいのは、〝不自然〟な光沢のものです。あまり口にしたくはありませんが、お店によっては見栄えをよくするために、あるいは乾燥を防ぐために油類を塗っているものがあるのだとか。もし購入の際に、「やけにテカテカしているな」と感じたら、避けたほうが無難です。

また、たとえ刺身が綺麗に盛り付けられていたとしても、注意深く観察してみましょう。

マグロなど、赤身の魚は筋がなく、鮮やかな色をしているか。白身の魚は透き通るような水あめ色か。などをきちんとチェックすることが大切です。白身魚の刺身は薄く切るのが基本なので、無駄に厚く切られているものは、身が崩れはじめているから薄く切ることができないのかもしれません。

もちろん、柵でも刺身でも、パックの中に血が溜まっているものはよくない。あれは切った際に出る血ではなく、細胞が破壊されたことで流れ出ている血水。つまりドリップです。そうなってしまうと魚の旨みも一緒に流れ出てしまっているので、美味しさは激減してしまっていると考えていいでしょう。

このように、スーパーのような一般小売店で魚を購入する際にも、ちょっとしたことを注意するだけで、美味しい魚に出会えることはあります。

あとは、しっかりと冷やした状態で持ち帰る。そして、脱水締めを試してみるなどして工夫すればいいのです。

美味しい魚を扱うお店は盛り付けで鮮度をごまかさない

きちんと魚を扱っている優良店も、多くあります。

魚は扱い方が鮮度に直結してしまうので、そういう優良店を選んで買うというのも美味しい魚に出会うための手段のひとつです。

扱いがいいというのは、つまり魚のことをよく知っているということ。魚の鮮度はどのような状態で悪くなり、どう処理すればそれを抑えることができるのかということを実践しているというのは大きなポイントでしょう。

例えば、氷を引いた上に笊（いかだ）を置き、先程捕ったばかりと言わんばかりに並べているお店がありますが、じつはこれはあまりいい扱いではありません。

魚は外に並べていると表面が乾いてしまい、細胞の破壊はどんどん進んでしまいます。そうやって並べるくらいなら、パックに入れてラップをかけているほうがまだいい。そういうデモンストレーションのような陳列は、魚にとって悪影響でしかないのです。

一方で、片側だけ冷やすのでは意味がないため、**ガラス製の冷蔵庫などできちんと全体を冷やしているお店は扱いがいい**と言えるでしょう。良いお店ほど外気にさらさないようにガラスケースなどで工夫しているため、逆にお客さんにとってはちょっと「見極めづらい商品陳列」になっていることがよくあるのです。

ガラスケースに入った魚を見ても判断がつかないのであれば、店員に言って魚を見せてもらえばいい。そこでしっかりと見極めをする。疑問点があれば店員に聞いてみる。そうやって美味しい魚を見つけていけばいいのです。

また、アジやサンマなどの青物を、発泡スチロールのケースに氷と一緒に入れて売っているお店もよく見かけますが、溶け出た水が血で赤くなってしまっていると、そこに入っているすべての魚が生臭くなってしまうのでよくありません。氷が溶けているので、冷やしという意味でも魚には悪い環境です。

そういう雑な扱いをしてしまうことで、せっかく脂がのって美味しい旬の魚が、台無しになってしまっているのです。

魚が大量に並んでいて活気もあるお店は、行くだけでも楽しいものです。その気持ちはよくわかります。

一方で、本当に魚を大切に扱っている優良店は、パフォーマンスのために魚を派手に扱わないものです。残念ながらそういう良いお店ほど、ケースできちんと保護してあるがゆえにお客さんが魚を選びづらい雰囲気だったりもします。

ですから、ワイワイとしたお店の空気感を楽しみたいときと、本当に美味しい魚を選びたいときで、魚屋を使い方分けてみてください。良いお店で売っている魚は、そのまま刺身で食べるだけで、あるいは軽く火を通しただけで、忘れられない逸品になります。

ぜひ、魚の食体験をとおして、そんな非日常を味わってほしいと思っています。

5

ちょっとした「角度」の差で誰でもプロの包丁捌きになる

私は講演など、店以外の場所で魚を捌くときがあります。

店にいればひと通りの道具や環境が揃っているので問題ないのですが、水が出ない場所や公民館のような場所で、「これでやってほしい」と渡された包丁が、なかなか切りにくいものだったこともありました。

そんな時に活かされているのが、魚屋としての知識や経験なのです。

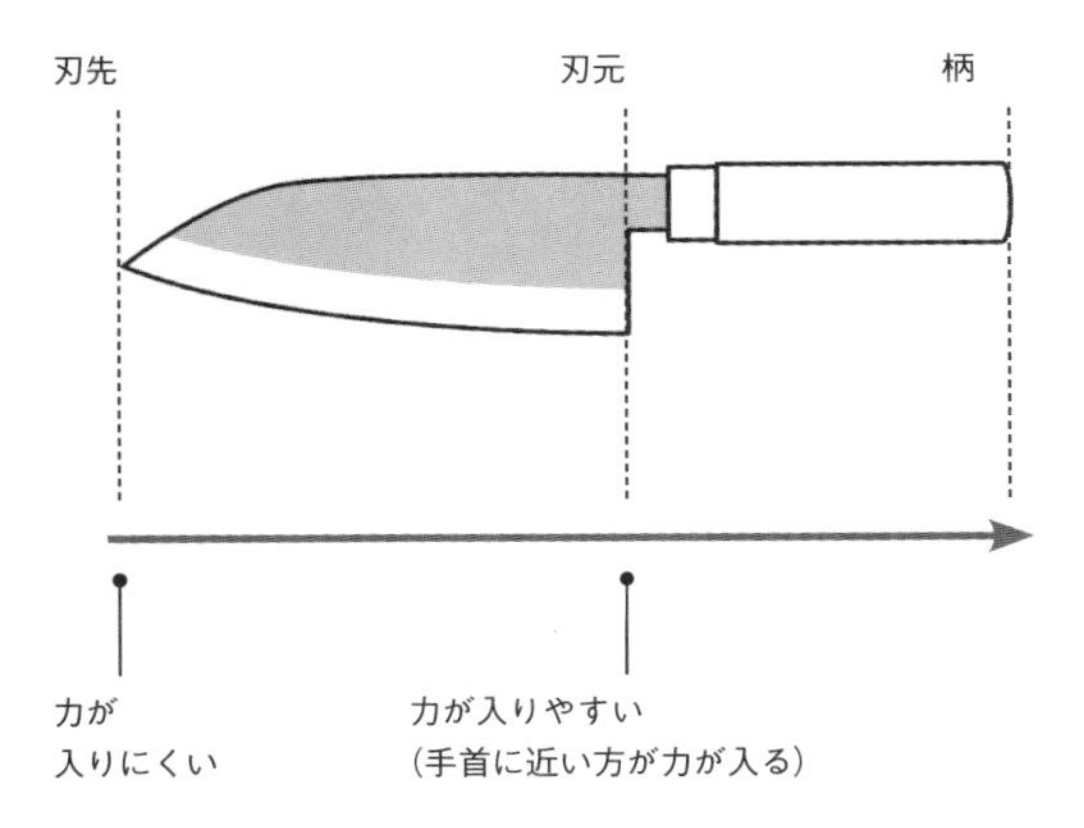

まずは知識として、魚を切る際に大切なのは、包丁の「入れ方」と「角度」です。

「入れ方」というのは、魚のどの部位に力を入れて切るのかということ。そして、前に出して（押して）切るのか、手前に引いて切るのかということです。

包丁というのは、刃先よりも「柄に近い部分」の方が手首に近い分、力が入って切れます。ですので、魚の頭や尾ビレをきれいに落としたい場合は、押すように前に出して、刃元の部分で切るのが基本となります。

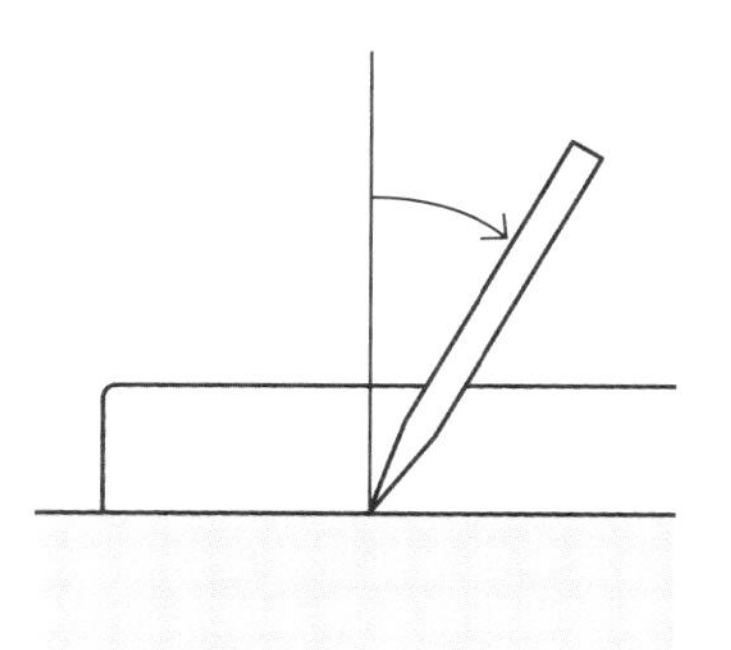

包丁を斜めに寝かせて切ることで、脇が閉まり力が上手く伝わる

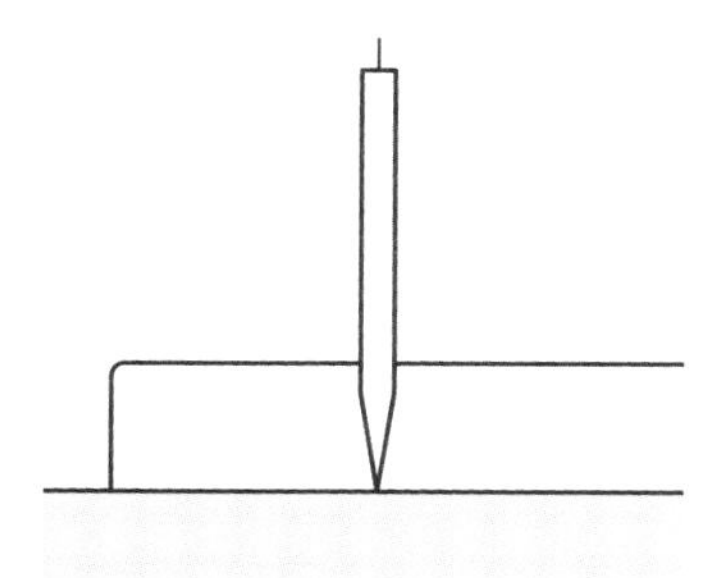

刃先だけで切り、包丁の角度が立つと脇が開き、力が上手く伝わらない

逆に、切り身や柵などを刺身にする場合は、刃元から入れて包丁の全体を大きく使い、手前に引いて切るのが基本です。その際に重要なのが「角度」で、なるべく包丁を斜めに寝かせて切ることで自分の脇が閉まり、包丁に力を上手く伝えることができます。

刃先だけを使うと包丁の角度が立ち、脇が開いてしまうので力が伝わりません。力を上手く伝えることで、ひと切りで切ることができるのもポイントでしょう。ギコギコと何度も往復してしまうと、食感が悪くなり、やはりそこから旨味が落

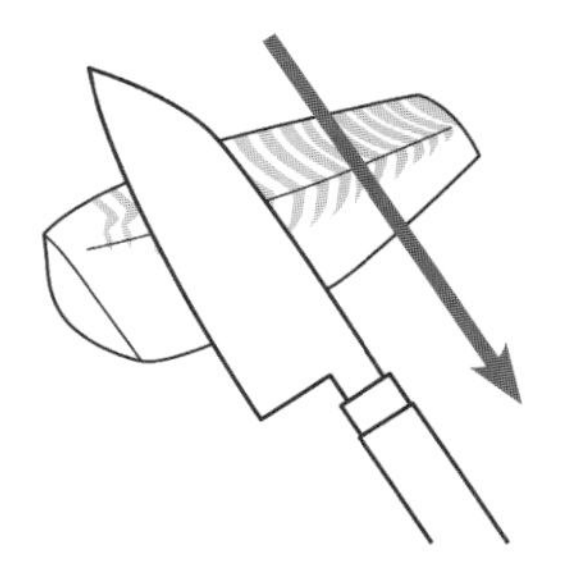

切り身や柵を刺身にする場合は刃を大きく使い手前に引いて切る

頭や尾ビレをきれいに落とす場合は、刃元を使って押すように切る。頭への一刀目は、背ビレが自分側にくるように魚を置く。

ちる原因にもなってしまいます。

このように、魚を切る場合は、手前に押しても引いても、包丁に力をしっかりと伝えることが大切なのです。この「入れ方」と「角度」の2つを基礎知識として覚えておくだけでも違うでしょう。

こういった知識を実際に活かすのが経験のなせるわざです。

これは私も経験したことですが、サスエ前田魚店では若い職人を育てる際、干物にするイワシの頭取りを1年間やらせます。

イワシというのは身が柔らかく、きれいに切るのが難しい魚なので、この作業でみっちり基礎を身につけるのです。ですが、実はこの作業は半年もすればある程度出来るようになるので、こんな地味な作業ではなく、刺身やお造りを作るなど、もっと花形の作業をやりたいという気持ちで、早く次の段階に進みたがる者も多い。

ただ、『兎と亀』ではないですが、そうやって急ぐ者は、新しい切り方や技術はどんどん覚えていきますが、基礎を疎かにしてしまった分、5年後も10年後も中途半端なまま。基礎を身に付けた者に必ず抜かれ、最終的には大きな差がついてしまいます。

これはあくまで魚屋としての経験値の話なので、読者の方がイワシの頭を取り続けなければいけないという訳ではありません（笑）。要するに魚を捌くことにさえ、それだけ基礎が重要なわけです。これはどんな仕事にも共通するのではないでしょうか。

「あるもので何とかするのが、プロだ」

先々代の祖父から、よく聞かされてきた言葉です。

私たち魚屋は、大きな自然を相手にしています。魚がたくさん捕れる日は良いですが、海が時化(しけ)てしまい水揚げゼロが続く日もある。そんな時、天気のせいにして「今日の魚はありません」と言うのはアマチュアのやることだ、というわけです。

プロならば、今ある材料で、いつも通りお客さんに喜んでもらえるようにしなければいけません。海が時化そうだと思えば、数日前から準備をして仕込み始めなければいけない。それを実現するのが職人の技であり、「イワシの頭取り」はそういった技術の基礎にあたる段階なのです。

昨今は、スマホによって最新の情報が即時に手に入ります。水産業界でも新しい技術や道具がネットで話題になるたびに、関係者が我先にと飛びついているようです。

もちろん新しい技術を試すことには賛成なのですが、周りのスタッフには「メッシのスパイクを履いても、上手くなるわけじゃない」と釘を刺しています。サッカーの世界的なプレイヤーであるメッシ選手は凄くても、彼の履いているスパイクを身に着けたからといってサッカーがうまくなるわけではありません。むしろ、靴を替えただけで有頂天になっていたら、恥ずかしいでしょう。

いつの時代のどんな職業でも、大事なのは基礎の積み重ねです。包丁の持ち方ひとつ、切り方ひとつが異なるだけで、後年大きな差となって表れるのですから。

読者の皆さんも、本書で紹介した「包丁の扱い」を真似してみてください。プロの基礎技術が少しでも伝わり、魚を美味しく食べてもらえれば幸いです。

6

スターシェフとの切磋琢磨③

「傳」長谷川シェフから学んだ〝人〟に対する姿勢

私が尊敬するシェフの一人に、東京にある「傳」の長谷川在佑シェフがいます。

傳の長谷川シェフといえば、2017年のアジアベストレストラン50で「アート オブ ホスピタリティ賞」を受賞。その後、「世界のベストレストラン50」で17位に選ばれるなど、日本の独特の食文化を世界に発信し続けて、世界でも名を知られるトップシェフの一人です。

そんな長谷川シェフとの出会いは、2015年に静岡の日本平で行われた「DINING OUT NIHONDAIRA 2015」という食の祭典で、その時の料理に使った真鯛と金目鯛を私が用意したことがきっかけです。

この長谷川シェフの料理は、真鯛と金目鯛という、同じ「鯛」と呼ばれる魚でも、まったく種類の違う2つを同時に食べさせることで、また新しい種類の魚を食べてもらおうという、長谷川シェフらしい遊び心のある斬新な料理でした。

けれど、彼の凄さや魅力というのはそういうクリエイティブな部分だけではなく、ゲストに対する向き合い方だと思っています。彼は「ここまでやるか」と思うほどに、ゲストに対して徹底的に目を配っています。あるイベントでのことです。彼はスピーチや準備で大変なはずなのに、1組のカップルが気になっていました。ケンカでもしたのか、雰囲気がどうも険悪だったのです。コース料理がスタートする前に、スタッフで円陣を組んだ時に彼は「あのテーブルのカップルが、帰るときには笑顔になるようにするぞ」と号令をかけたのです。これには心底驚きました。

会場には多数のゲストが来ていますし、彼自身も主催者側からの大役を任されている。そんな状況で、たった1組のゲストの異変に気づくのは至難の業です。しかも見事にカップルは仲直りして、笑いながら会場を後にしていました。

料理の発想だけではなく、食べる人がどんな心境にいるのか、どんな人間なのかを考える。そういうことを、とても大切にしている方なのです。

さらにわかりやすい例をあげます。

海外の方が刺身を食べる際に、醬油をベチャベチャに付けすぎてしまうことがある。これは、日本人の感覚からすると「あの外国人は刺身の食べ方を知らない」という見立てになるのが普通です。

しかし長谷川シェフは、醬油を付けすぎてしまうのだから、はじめから醬油を含ませておけば、醬油を付けなくて済むという、まったく逆の発想ができる。日本料理の格式や作法が料理の美味しさを半減させてしまうのであれば、そんなものは必要ないと考える人なのです。

そういう長谷川シェフのことを、日本料理の世界では〝異端児〟として扱う人もいますが、彼のお店「傳」が世界で認められているのは、そうやって時間を忘れて純粋に食事を楽しむことができるような空間づくりが、世界に評価されていることの表れでもあるでしょう。

そういう長谷川シェフと一緒に仕事をしていると、私の世界もまだまだ広げられるのではないかと、こちらも気合いが入るのです。

第四章

美味しい魚を見極める

鯵 あじ

(英) Horse-mackerel

[旬] 5月~7月(春から夏)

一年を通して漁獲され、日本中で食べられている鯵。焼き魚や干物、フライをはじめ、生食では刺身やたたきなど、一般家庭の食卓に並ぶことも多い。

アジの見極めポイント

POINT : 1

ヒレが黄色いアジは栄養が取れている証拠

淡水が流れ込む湾などに居つき、たっぷりと栄養を取れているアジは、身体やヒレが黄色い。

POINT : 2

頭が大きくて黒いアジは外海出身で旨みも少ない

頭が大きく色が黒いアジは、広い外海を回遊しながら、苦労して餌を探した旨みの少ないアジ。

POINT : 3

尻ビレ付近の身に厚みのあるものを選ぶ

肛門のある尻ビレ付近の肉がぷっくりと厚みのあるアジも、栄養を取れていて美味しい。

美味しいアジはヒレが黄色い

ヒレが黄色いアジは「瀬付き」や「根付き」と言われるもので、小エビやプランクトンなどの餌が豊富な岩場などに居ついて育った、栄養をたっぷり摂ったアジ。〝黄アジ〟とも呼ばれる、脂がのって美味しいです。

逆に、全体が黒っぽい色をしたものは〝黒アジ〟と呼ばれ、広い外海や海の深い場所を回遊していたアジで、必死に餌を探していたので頭や目が大きく、体も痩せ気味です。こういうアジは栄養が不十分なので脂も少なく、食べたときに旨みが少ない。

駿河湾に棲むアジは桜えびを食べているので味が良いと言われていますが、同じアジでも棲んでいた場所によって美味しさがまったく違うので、買う際に生産地よく見てみましょう。

CHECK

鮮度を見極めるのは目の輝きとヒレの状態

上の魚と下の魚で、鮮度に差があることがわかるだろうか。鮮度の悪い魚は目がくすんでいるのをよく見てみよう。また、胸ビレや腹ビレに血が滲み赤くなっている魚も鮮度が落ちてきている証拠。

鯖（さば）

（英）Pacific mackerel
［旬］10月〜12月（秋から冬）※地域、種類によって異なる
日本近海を回遊し、全国で食べられているサバ。旬は秋から冬だが、産地や種類によっても異なり、塩焼きや煮付けなど、さまざまな食べ方で楽しめる。

鮮度は色と柄を見て判断すべし

足が早くすぐに傷んでしまうサバは、鮮度の見極めがとても重要な魚です。

大きくて脂の多いものが美味しいですが、新鮮なものは綺麗な緑色で、柄がはっきりと見えます。逆に、黒っぽいものは鮮度が落ちている可能性があるのでご注意を。

また、巻き網漁で一度に沢山捕られていたり、捕られてからの扱いが悪いと身が破壊され、そこから旨みが抜けてしまうので、ヒレや身がボロボロになっていない、綺麗なものを選ぶようにしましょう。

サバの見極めポイント

POINT：1
緑が鮮やかで艶があり柄がはっきり見える

綺麗な緑色で艶感があり、柄がはっきりと見えるものは鮮度が良く、食べて美味しい証拠。

POINT：2
ヒレがボロボロのサバは捕られたときの扱いが悪い

サバは身やヒレが弱く、捕られたときに丁寧に扱われていなければボロボロになってしまう。

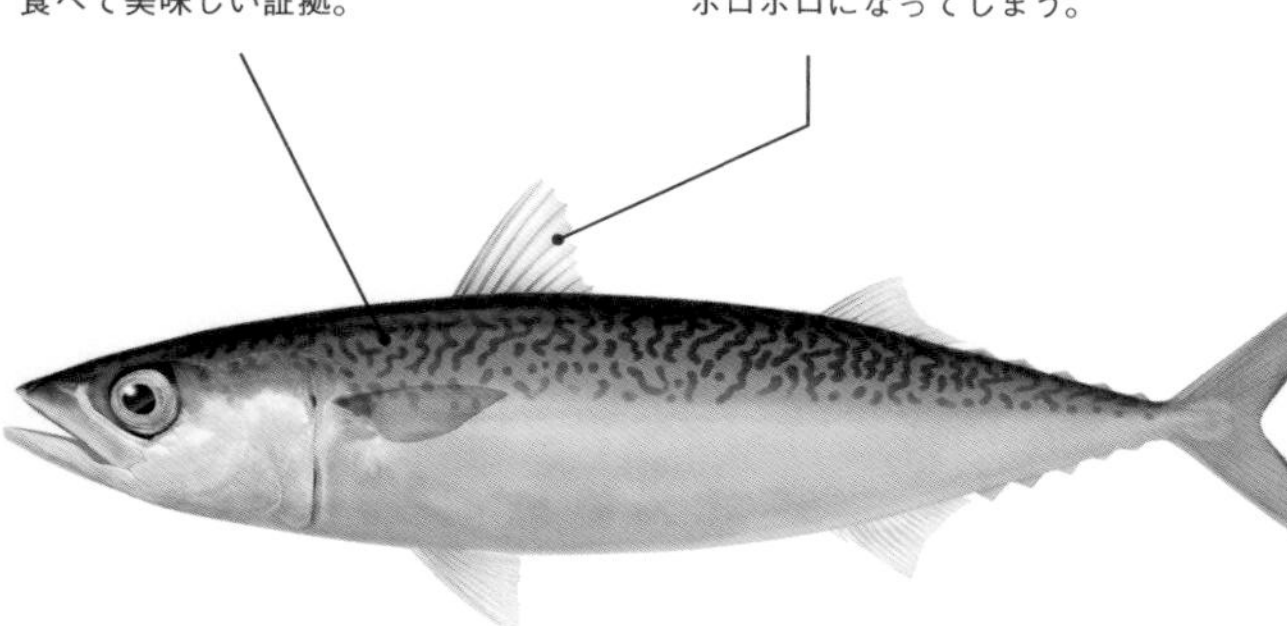

鰯 いわし

（英）Sardine

［旬］６月～10月（初夏から秋）※地域、種類によって異なる

青魚の代表格として、日本人に馴染みの深いイワシ。味も良く、干物をはじめ、なめろう、酢漬け、つみれなど、食べ方のバリエーションも豊富。

イワシの見極めポイント

POINT：1

顔、ヒレが黄色っぽく体に厚みがあるものを選ぶ

顔やヒレが黄色で、体に厚みがあるものが良く、模様がはっきりしていれば鮮度もいい。

POINT：2

血が滲んでいるものは鮮度が落ちてきている

エラやヒレなどに血が滲んでいるのは鮮度が落ちでいる証拠。目が赤いのは苦しんだ魚で味も落ちる。

小さいほど鮮度が落ちやすい

漢字では、魚偏に弱いと書いてイワシと読むことでもわかるように、イワシは一番足が早く、鮮度が落ちやすい魚です。

一般的に、マイワシのほか、カタクチイワシやウルメイワシのような小ぶりのものなど、どこでも手軽に買える魚ではありますが、小さなものの方が鮮度が落ちやすく、エラやヒレが血で滲んでしまっているものは、すでに傷みはじめているので注意が必要です。

顔やヒレが黄色っぽくなっていて、体に厚みがあるものが脂も多い美味しいイワシです。

秋刀魚（さんま）

（英）Pacific saury
［旬］ 9月～10月（秋）
日本全国で捕れ、養殖モノが一切ない秋を代表する魚。栄養も多く、近年では生でも食べられる。塩焼きが一番のオススメ。

サンマの見極めポイント

POINT：1
脂がのるほど〝おでこ〟が盛り上がる

栄養たっぷりで脂がのればのるほど、頭の上が盛り上がる。

POINT：2
旬の時期のものは尾の付け根が黄色い

旬のサンマは尾ビレの付け根が黄色いのが特徴。また、くちばしの先が黄色いものも良質。

くちばしが黄色いものが旬

秋に食べる魚の代名詞として、全国で多くの人に愛されているサンマ。初夏から秋にかけて食べることができますが、美味しいのはやはり秋。旬のサンマは尾の付け根やくちばしの先が黄色いので、そういうものが出ている時期に食べるとよいでしょう。

氷水に入った状態で売られている場合も多いですが、その水が血水になっている場合は身に臭いが移っているので要注意。

また、おでこが出っ張っているのは、肥えている証し。一番美味しいのは塩焼きです。

脂がのったサンマは、おでこが出っ張っているように見える

CHECK

刺身には天敵がいる

日本では魚を生で食べますが、生魚には寄生虫がいる可能性はあるのでご注意を。

寄生虫として最も有名なのがアニサキスです。アニサキスは、サバやサンマ、アジにもいて、サケやイカも注意が必要です。

もし食べてしまうと、激しい腹痛や吐き気に見舞われ、大惨事になりかねません。

厚生労働省の指導では、予防法としてマイナス20℃で24時間以上冷凍するよう呼びかけています。家庭用の冷蔵庫の冷凍室はマイナス18℃くらいなので、念のため48時間以上冷凍するのがよいでしょう。ただし、冷凍したものを解凍することで細胞が破壊されてしまい、当然味は落ちてしまいます。

不安に感じる人は火を入れて食べるのがいいでしょう。70℃で1～2分がアニサキス対策の目安です。例えばアジやサンマなどは、焼いて食べても充分美味しいので、必ずしも生食にこだわる必要はありません。

鰤 ぶり

(英) Japanese amberjack

[旬] 12月～1月(冬) ※種類や地域によって異なる

伝統行事などでも使われる、日本人に馴染みの深いブリ。大きさによってイナダ、ワラサ、ハマチ、メジロなどと名前が変わり、色々な食べ方を楽しめる。

ブリの見極めポイント

POINT : 1

ヒレが黄色く、体の青色が鮮やかなもの

ヒレが黄色で、鮮やかな青色のブリには栄養があり、身がふっくらして張りがあるものが良い。

POINT : 2

時期外れのものは脂が抜けて身が赤い

身が赤すぎるものは、時期外れに捕られた脂が抜けたブリ。調理しても硬いので美味しくない。

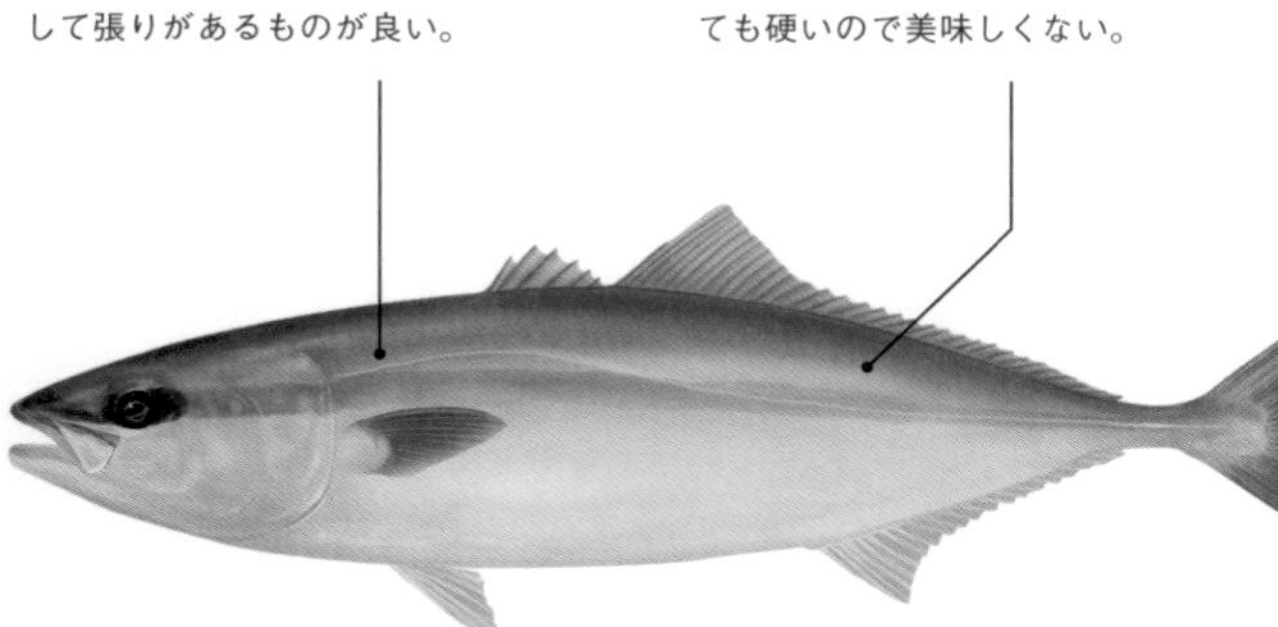

皮と身の間にある脂は要確認

「寒ブリ」などと呼ばれるほど、冬の日本海で捕れるブリは脂がのっており、旬もので美味しいとされていますが、ブリは回遊魚なので、実は場所によって違う時期でも美味しいブリを食べることができるのです。

美味しさの基準は栄養が摂れていて脂が多いことですが、時期外れの天然ものは脂がすくなくてイマイチのことも。

天然養殖に関係なく、「皮と身の間に」脂の層がある、身に脂がのった白いものの方が、美味しいブリだと言えるでしょう。

間八（かんぱち）

（英）Greater amberjack
［旬］6月〜9月（春〜夏）
古くは高級魚として食べられていたカンパチも、養殖の発展で一般に馴染みのある魚に。刺身や寿司、カルパッチョなど、歯ごたえがあり生食がベスト。

カンパチの見極めポイント

POINT：1
魚体の大きさに関係なく身が張ったものが美味しい

体が丸く身に張りがあるものが、適度に脂がのって美味しい。身持ちがよく傷みにくいのが特徴。

POINT：2
天然で身が赤いものは脂が少なく味が落ちる

天然ものでも、切り身で身が赤いものは脂が少ないので注意。白いものが◎。

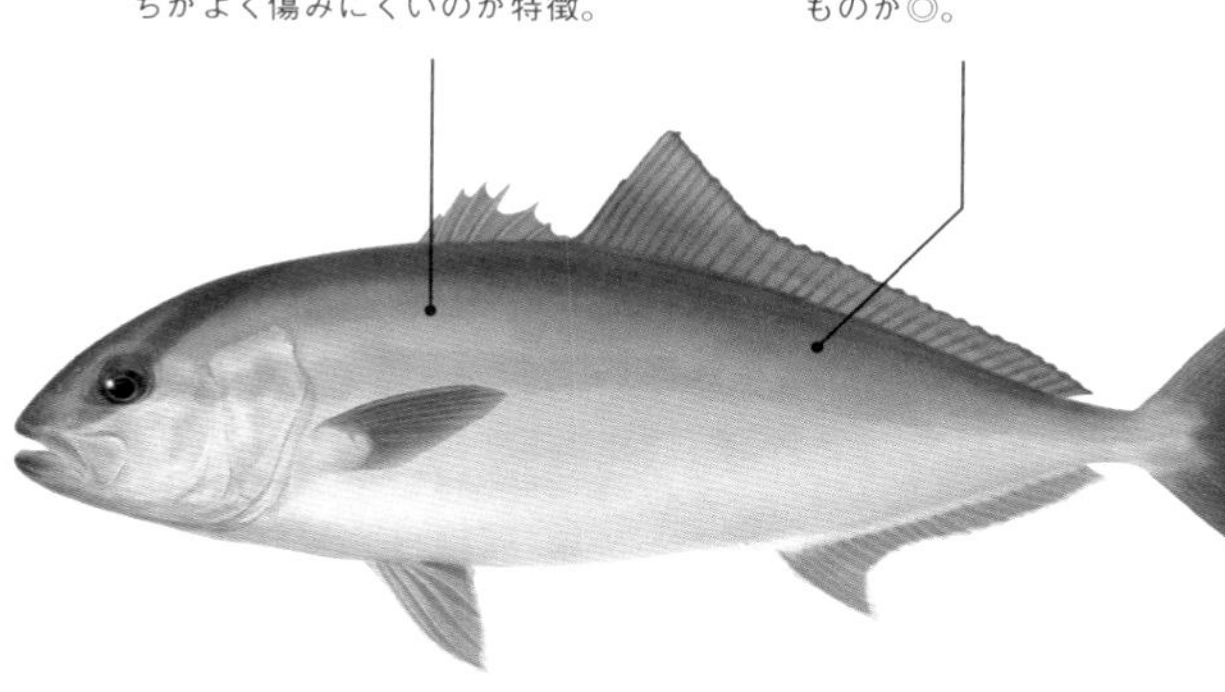

魚体が小さくても味は良し

古くは高級魚とされていたが、養殖技術が発展したことで、一般に親しまれるようになったカンパチは、もともと身に歯ごたえがあるため生で食べるのがオススメです。

魚体の大きさに関係なく、小さくても味がいいのが特徴で、丸型で身に張りのあるものが脂ののった良いカンパチと言えます。

天然ものは値が張りますが、身が赤いものは脂が少ない傾向にあります。現在では養殖でも身が白く美味しいものもたくさん流通しているので、それも良いでしょう。

鰈（かれい）

（英）Marbled sole
［旬］一年中
捕られる地域によって美味しい時期が違うのがカレイ。一般的には夏頃が旬とされるが、寒い時期の子持ちを煮付けにして食べるのも美味しい。

「子持ち」は寒い時期の楽しみ

カレイの食べ方の好みは人それぞれですが、刺身や寿司などの生食は夏頃、子持ちの煮付けなどは寒い時期が旬になります。

身が厚く、透明なものが脂があって美味しいカレイです。逆に、腹側の白い部分やヒレに血が滲んでいるものは、捕られた際に暴れて毛細血管が切れている。もしくは鮮度の悪いものです。

また子持ちを選ぶ際は、卵の詰まりが良いものが旬のもの。卵が成長しすぎると、粒がボロボロして味が落ちてしまいます。

カレイの見極めポイント

POINT：1

身に厚みがあり色が透明なものを選ぶ

カレイは、身が厚く、身の色がなるべく透明なものを選ぶ。身が赤いものはいい状態ではない。

POINT：2

腹側が綺麗な白色のものが良い

捕られた際に暴れたり、鮮度が落ちてきているものはヒレや腹側に血が滲んできてしまう。

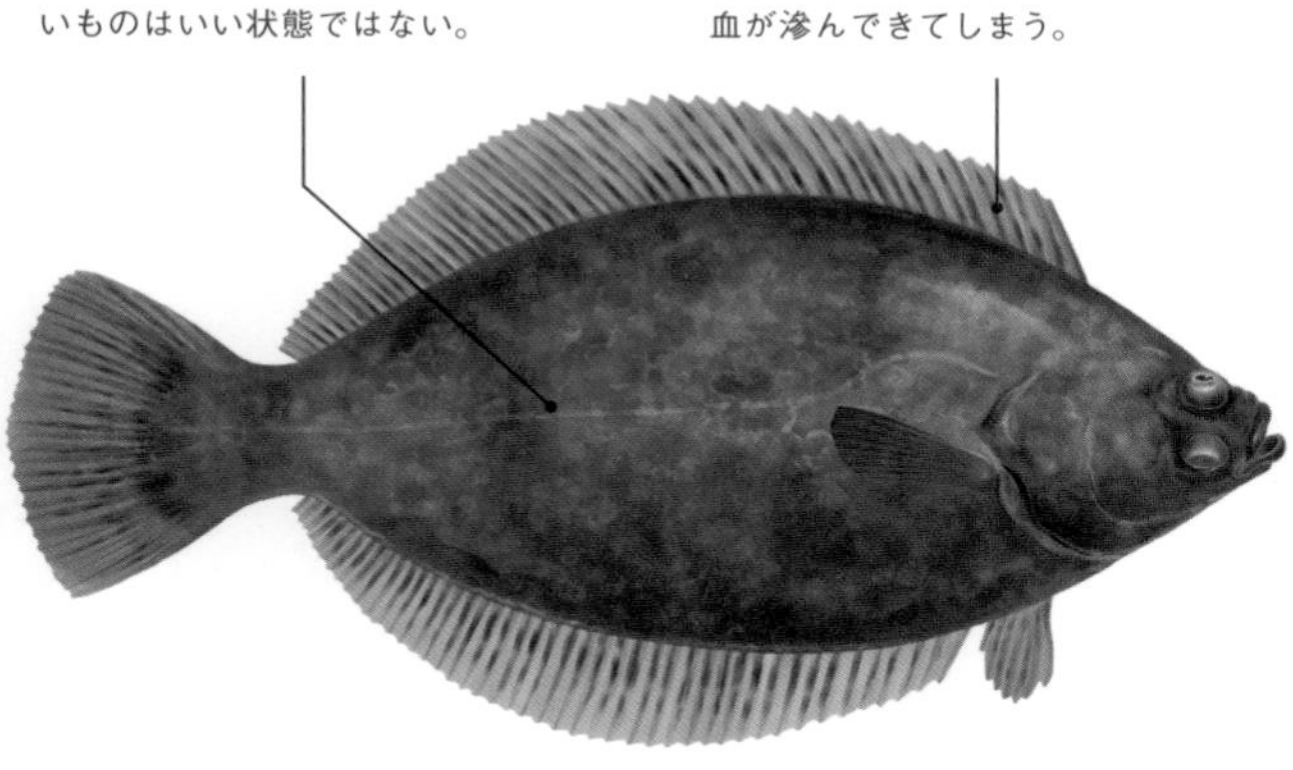

平目（ひらめ）

（英）Japanese flounder
［旬］11月〜2月
古来よりタイと並ぶ高級魚とされ、美しく美味しい白身が自慢。刺身や寿司のネタをはじめ、最近ではフライやムニエルなど、洋食でも食べられる。

ヒラメの見極めポイント

POINT：1
大きくて分厚いものが脂ののったいいヒラメ

冬に捕れる大きくて分厚いヒラメは、捌いた際にも身が飴色で、しっかり脂がのって美味しい。

POINT：2
しっかりと処理がされ身がボケていないこと

しっかり処理されているかも重要。腹側が綺麗に白いものは、活け締めなどが施されいる。

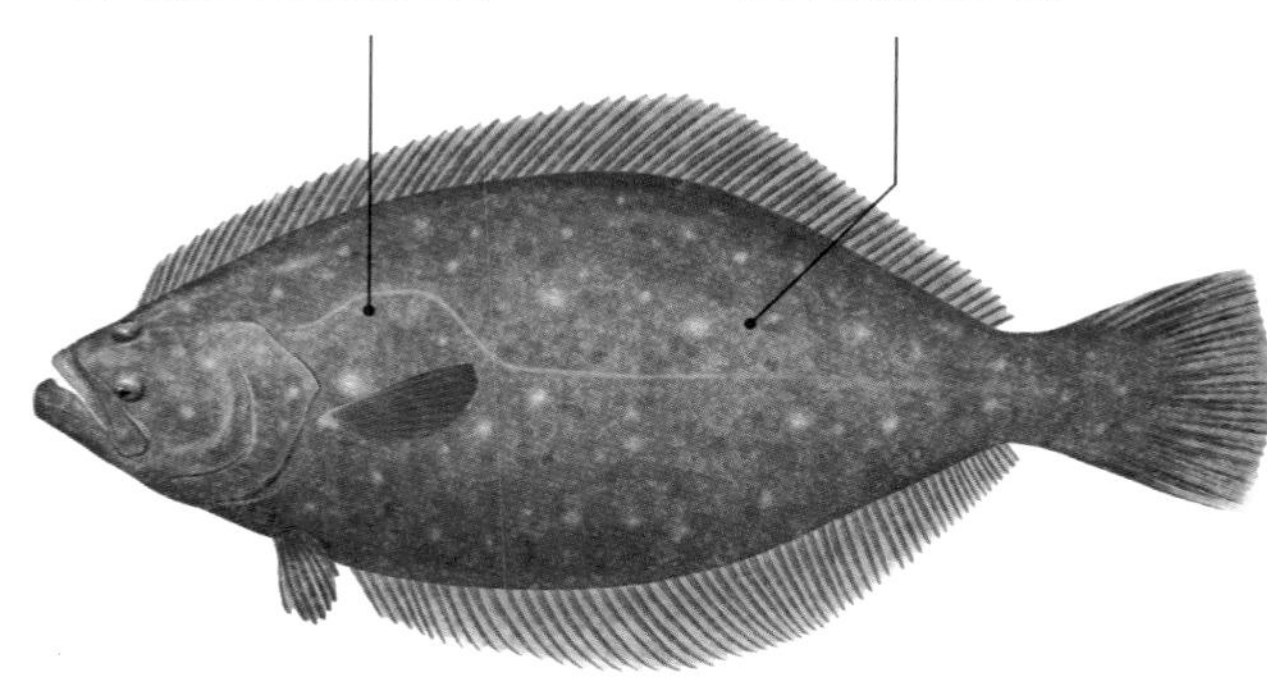

天然ものと養殖も見分けよう

ヒラメは、冬に捕れる大きくて分厚いものが脂がのって美味しい。そして、そういうヒラメは捌いた際に身が透き通った飴色で、身の節がはっきりとしているのも特徴です。

活け締めなどでしっかり処理がされていれば、腹側も白く美しい。この腹側が黒いものは養殖ものですので、天然ものと養殖ものを見分ける方法にもなります。

ヒラメはもちろん、ムニエル用として流通する舌平目もそうですが、火入れして食べる場合は、厚みのあるものを選びましょう。

鯛 たい

(英) Red sea-bream

［旬］ 2月〜4月（冬〜春）

姿の美しさと味の良さから、古より縁起物の魚として親しまれてきたタイ。刺身、塩焼き、煮付け、鯛めし、鯛茶漬けなど、その食べ方も非常に多彩。

タイの見極めポイント

POINT：1

顔が小さくて体が丸いものがいい

タイは顔が小さくて体に厚みがあり、腹部分が凹んでいない丸みのある形のものが美味しい。

POINT：2

鮮やかで赤い切り身を選ぶ

切り身を買う場合は、皮を引いた跡の赤色が鮮やかで、白いサシ（脂）が入っているものが◎。

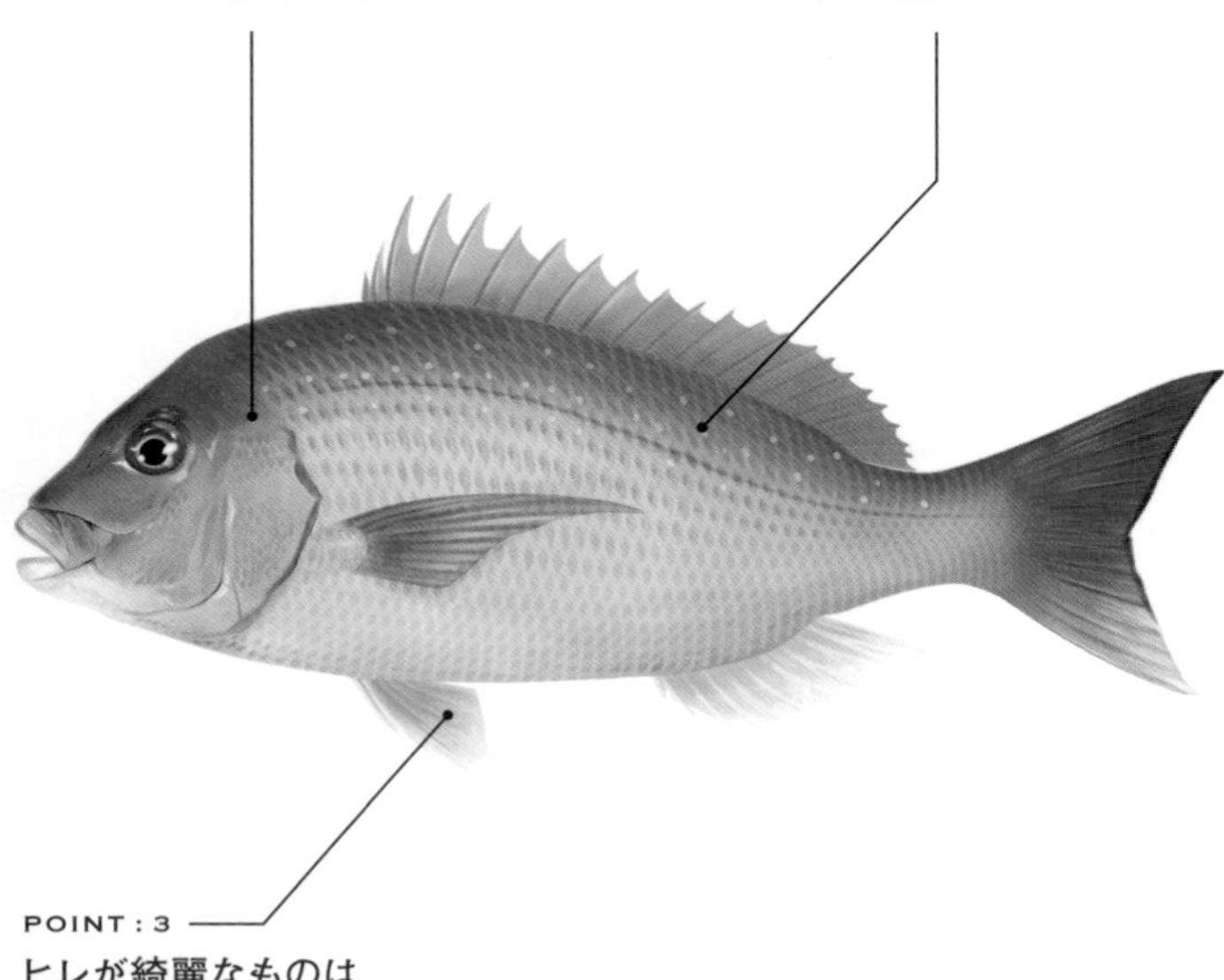

POINT：3

ヒレが綺麗なものは丁寧に扱われたタイ

１本釣りなどで捕獲されたタイは、背ビレや腹ビレが綺麗で、身の傷みも少ないことが多い。

顔が小さく、丸い形のタイを探す

「おめで鯛」というほどに、縁起物として親しまれてきたタイですが、それだけに値が張ることもあるので、美味しいものを見極めて買うことをオススメします。

まず、ヒレが傷んでいなくて、顔や目が小さくて体に厚みがあるものがいい。そして、腹の部分が凹んでいない、魚体全体が丸い形のものは、栄養が豊富に取れている美味しいタイです。

切り身で買う際も、皮を引いた跡の赤色が鮮やかで、身に白いサシ（脂）が入っているものを買うこと。そして、無駄に脂が付きすぎている養殖ものではなく、なるべく自然の海で育った天然のものを選ぶと、身の味が濃いだけでなく、コリコリとした食感を楽しむことができて美味しいのです。

CHECK

まずは「赤み」を比べよう

状態がよい鯛ほど、体はきれいな赤みを帯びる。上側の鮮度が良い鯛のほうが、全体的に赤くて鮮やか。

ヒレが赤くて、粘膜のぬめりがあるものはよい状態。逆にヒレ先が白くてパサついているものは鮮度が悪い

甘鯛（あまだい）

（英）Tilefish
【旬】9月〜12月（秋〜冬）
静岡では〝興津鯛（おきつ）〟とも呼ばれる。関西では高級魚とされ焼いて食べるのが主流だが、鮮度が良いものは刺身でも食べられる。

アマダイの見極めポイント

POINT：1
赤く鮮やかでぶ厚いもの

アマダイは体の色が鮮やかな赤色が良く、身が丸く厚みのあるものが脂がのって美味しい。

POINT：2
お腹のまわりに張りがあるもの

肛門近くの身がふくらんで、張りのある状態であれば肥えている証拠。

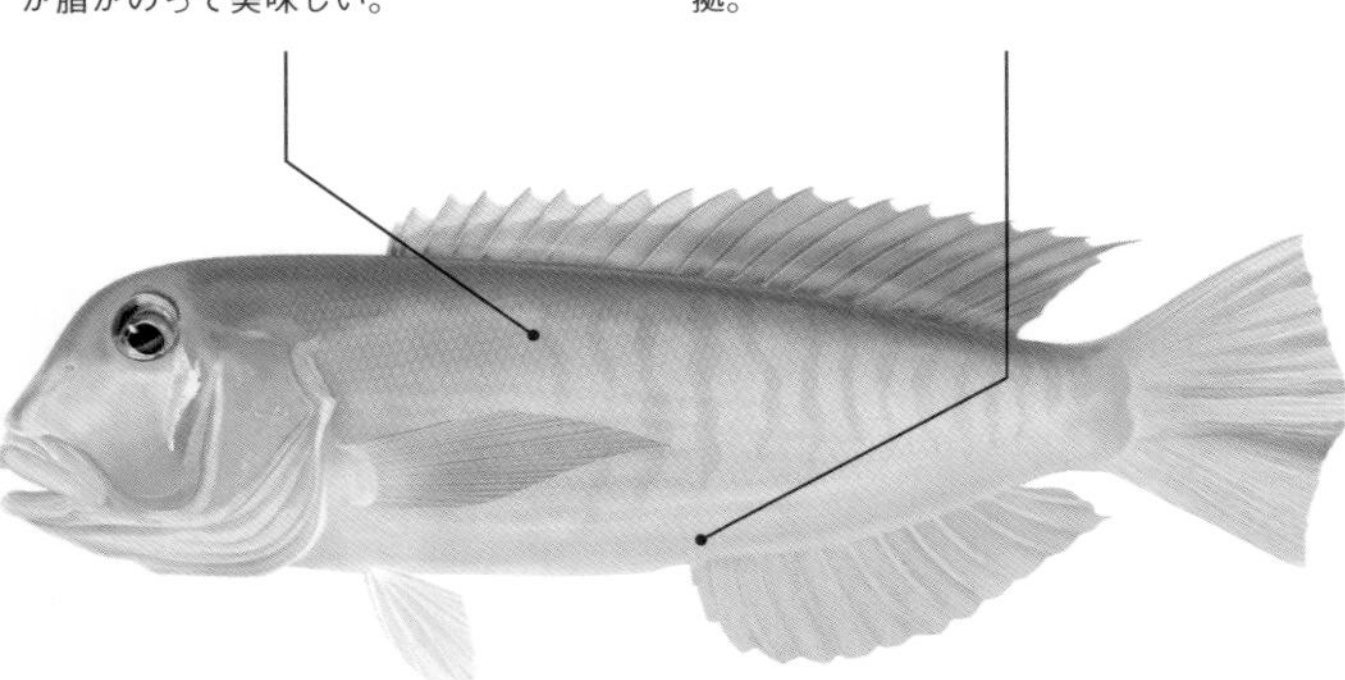

将軍様が愛したという高級魚

生魚で流通することは珍しいが、あの将軍・徳川家康も好んで食べたという高級魚のアマダイ。身に水分を多く含んでいるのも特徴で、塩焼きで食べると絶品です。

良いものは体が鮮やかな赤色で、身に張りがあり丸く厚みのあるものが、脂がのった美味しいアマダイと言えるでしょう。鱗も一緒に素揚げした「松笠揚げ」は絶品です。

ただ稀に、カルキのような臭いのするものもあります。選んだ時は濃いめの味付けが良いでしょう。

金目鯛（きんめだい）

(英) Alfonsino

［旬］12月〜2月（冬）

常に人気の高いキンメダイ。国産天然ものは冬が旬で、煮て良し焼いて良し、そして生でも甘みがあって非常に美味しい。

キンメダイの見極めポイント

POINT：1
目が小さく顎が出ていないもの

小顔で目が小さく、澄んだ金色の目をしたものがいい。顎が出ていると栄養不足の可能性あり。

POINT：2
鮮やかで艶のある赤で腹の部分が丸い

色は艶がある鮮やかな赤色が◎。魚体は全体的に丸く、腹の周辺が丸いものを選ぶといい。

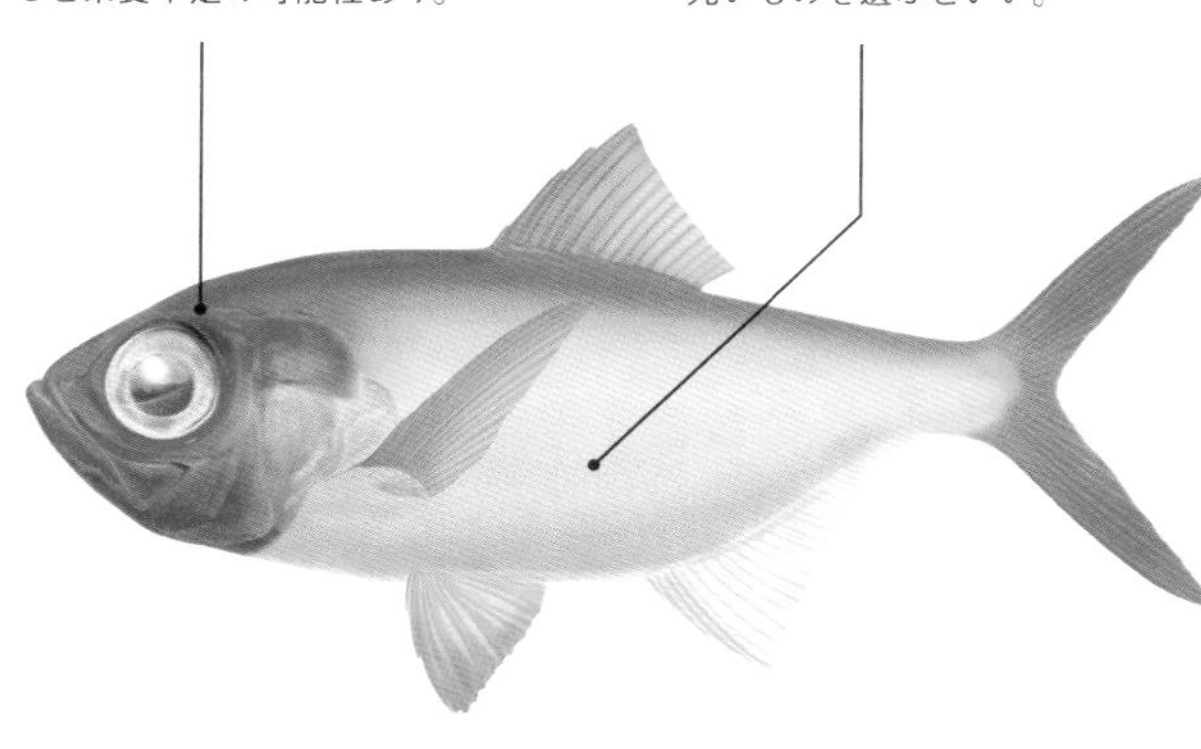

なるべく目が小さく澄んだ金色を

その名の通り、金色の目が特徴的な深海魚で、冷たい深海に住んでいるため脂も多く、食べ方を問わず美味しい魚です。

選ぶ際は、なるべく目が小さくて小顔のもの。そして顎の出ていないものを選ぶといいでしょう。また、体全体が丸く、腹の部分が丸いものを選びましょう。

色は鮮やかな赤色が新鮮な証拠で、鮮度が落ちると体表が白っぽくなる。干物などで、開いた部分が黒くなっているものも、鮮度が落ちてから干している悪い例です。

鮪 まぐろ

（英）Bluefin tuna

［旬］一年中

日本人が大好きなマグロ。国産天然ものの旬は冬とされているが、遠洋で捕られるため冷凍で流通されることがほとんどで、一年中美味しいものを味わえる。

マグロの見極めポイント

POINT：1

白い筋が強いものは避けよう

魚体が大きすぎたものや、頭や尾の方の身は筋が多くて硬いので注意。筋の薄いものが良い。

POINT：2

皮側ができるだけ白く脂がのっているもの

皮側（筋目の広い方）ができるだけ白く、サシが入っていて脂がのっているものが美味しい。

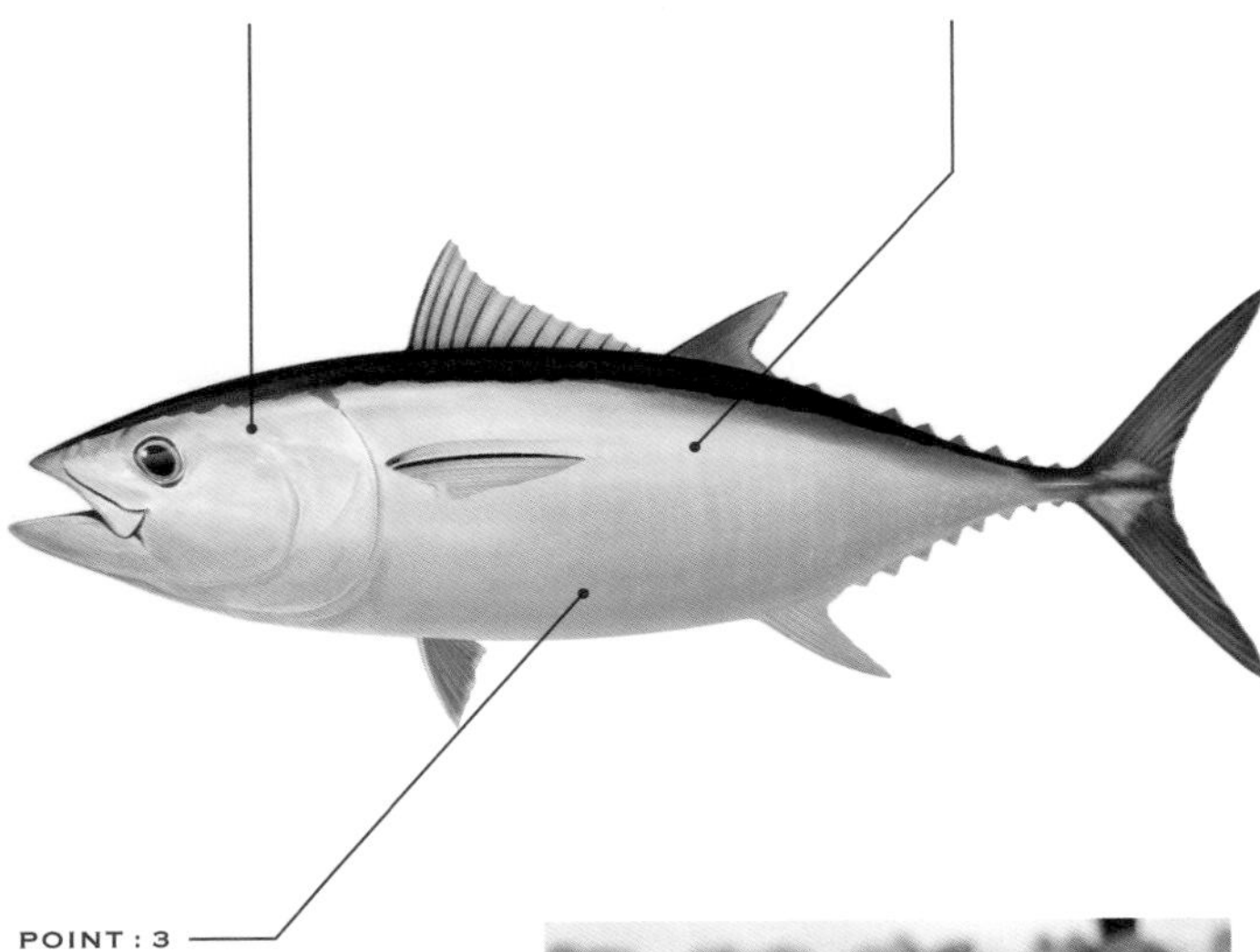

POINT：3

赤身は身の色が澄んだ赤色がいい

赤みの場合は、身が澄んだ赤色をしている方がいい。悪い状態では黒っぽく変色する。

冷凍ものは解凍の仕方も重要

日本人が大好きで、世界で漁獲される半分以上が日本で消費されていると言われているマグロ。一本釣りで有名な青森県大間のブランドマグロなどもあります。ただ、流通しているものの多くは冷凍で輸入された海外産なので、その品質はピンキリです。

柵などで購入するのであれば、白い筋が強いものは硬いので避けましょう。また、赤みであれば澄んだ赤色のものが良質です。

冷凍のものが流通しているため、店頭では解凍後のものを購入する場合が多いと思いますが、解凍の仕方が悪かったり、解凍から時間が経ってしまったものはドリップが出てしまい味が落ちているので、パック内に血水が溜まっていないかも確認しましょう。

CHECK

ドリップの有無を確かめよう

パックにドリップが溜まっているようなものは、鮮度が落ちてきている証拠。逆にシートがきれいなものは状態が良いといえる。

赤色の発色がよいものを選ぼう。時間が経つほど、黒ずんでくる。

鰹 かつお

（英）Striped tuna

［旬］５月〜６月、９月〜10月（初夏、初秋）

一般に、初夏に本州中部で捕られるものを「初鰹」、初秋に三陸沖で捕られるものを「戻り鰹」と呼び、季節や場所によって味が楽しめるのも魅力。

カツオの見極めポイント

POINT：1

鮮度が良いものは澄んだ赤色

身は本来の澄んだ赤色をしているものがベスト。茶色っぽく黒ずんだものはよくない。

POINT：2

切り身の表面が緑色に変色しているものはダメ

切り身の表面が緑色っぽくなっているものは、「石がつお」といって鉄っぽい味がしてしまう。

POINT：3

鮮度のいいカツオは塩で食べても美味しい

本当に鮮度がいいカツオは、刺身を塩だけで食べても驚くほど美味しい。

扱いが難しく腕を試される魚

「初鰹」「戻り鰹」と言って、捕られる場所や時期によって二度旬があるカツオですが、扱いが難しく、それだけ魚屋の腕が試される魚でもある。本当に鮮度がいいカツオは塩で食べても美味しいため、読者の方には是非生産地で味わってほしい魚でもあります。

切り身の場合、身は澄んだ赤色のものが良く、茶色っぽくなっていたり、緑色になっているものは美味しくありません。よくワラ焼きや、にんにく醤油で食べられるのは臭いや鉄っぽい味をごまかすためでもあります。

カツオは脂の味を楽しむのではなく、身が本来持っている風味や食感を楽しむ魚です。なるべく鮮度のいいものを食べることができる場所で、一度カツオを味わってみてください。

サスエ前田魚点で扱っている焼津産の新鮮なカツオ（左）と、一般的にスーパーなどで流通しているカツオ（右）では、これだけ色味が違う。

鮭 さけ

（英）Chum salmon
［旬］9月〜11月（秋〜冬）
焼き魚として馴染みの深いサケと、お寿司の人気メニューでもあるサーモン。現在では脂の多い輸入物のサケ類や養殖が主流だが、国産の漁獲量も少なくない。

サケの見極めポイント

POINT：1
脂のある腹身を食べよう

腹身（ハラス）が脂が多く美味。性別がわかる状態ならオスを選ぶと良い。

POINT：2
澄んだオレンジの身がおすすめ

種類によって異なるが、皮が発色のよい銀色で、身が澄んだオレンジ色の切り身を選ぶといい。

鮮やかなオレンジ色を選ぶ

サケというとすべて同じと思われる方もいますが、海と淡水を行き来するサケは生では食べることができないため、寿司屋などで生で食べているものはすべてサーモンです。

サーモンは養殖がほとんどなので、脂もたっぷりあって美味しいですが、脂がありすぎると臭みが出るので、安価な寿司屋では炙って臭いをごまかすところも多いよう。

サケもサーモンも、皮が綺麗な銀色で、身が鮮やかなオレンジ色の切り身を選べば、美味しいでしょう。

鮭卵（いくら）

（英）Salmon roe
［旬］9月〜11月（秋〜冬）
イクラは、ご飯やお酒のお供になるサケの卵。卵巣に入ったままのものをスジコ、バラしたものをイクラと呼び、旬は秋鮭と同じで秋から冬にかけて。

イクラの見極めポイント

POINT：1
粒が張りすぎているピンポンに注意
イクラは時間が経つと、「ピンポン」と言って硬くなってしまう。粒が張りすぎているのは避ける。

POINT：2
適度な漬け具合が最も美味しい
しょうゆ漬けは、スジコの時点で漬かりすぎていると色が黒っぽくなり、味も鮮度もイマイチ。

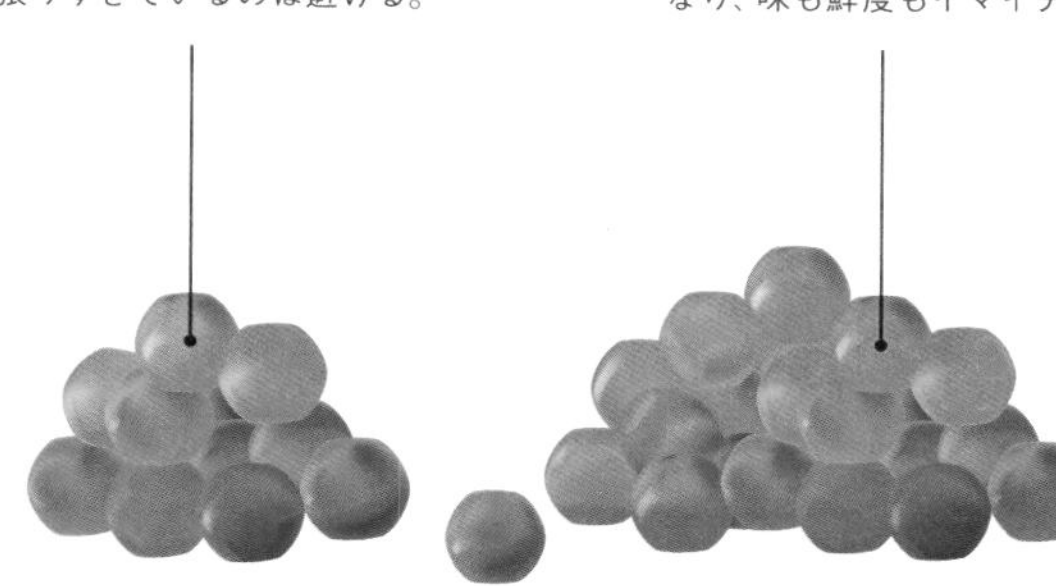

成長しすぎは硬くて美味しくない

サケは卵も人気で、卵巣に入ったままのものをスジコ。卵巣膜を剥がし、バラバラにしたものがイクラです。いずれも塩や醤油に漬けこまれて売られています。

ただ、日持ちさせるために、スジコの状態で漬かりすぎたものは黒くなっているので、風味が落ちていることも。

ポロポロしているものは「ピンポン」と言われ、成長しすぎて硬くなってしまったイクラ。動かしてもパラつかない、適度に成長したものが美味しいでしょう。

蝦（えび）

（英）Shrimp
［旬］一年中　※地域、種類によって異なる
寿司や天ぷら、フライなど、和洋中で楽しむことができるエビ。流通する種類が豊富で、養殖も盛んなため通年で美味しいものが食べられるようになっている。

エビの見極めポイント

POINT：1
頭が黒いものは避ける

エビは足が早く鮮度が落ちやすく、鮮度が悪くなるとすぐに頭の部分が黒くなってしまう。

POINT：2
しっかりと殻に身がつまったものを選ぶ

殻と身に隙間がなくて、つまったものが◎。鮮度が落ちると、身がゆるくなることも。

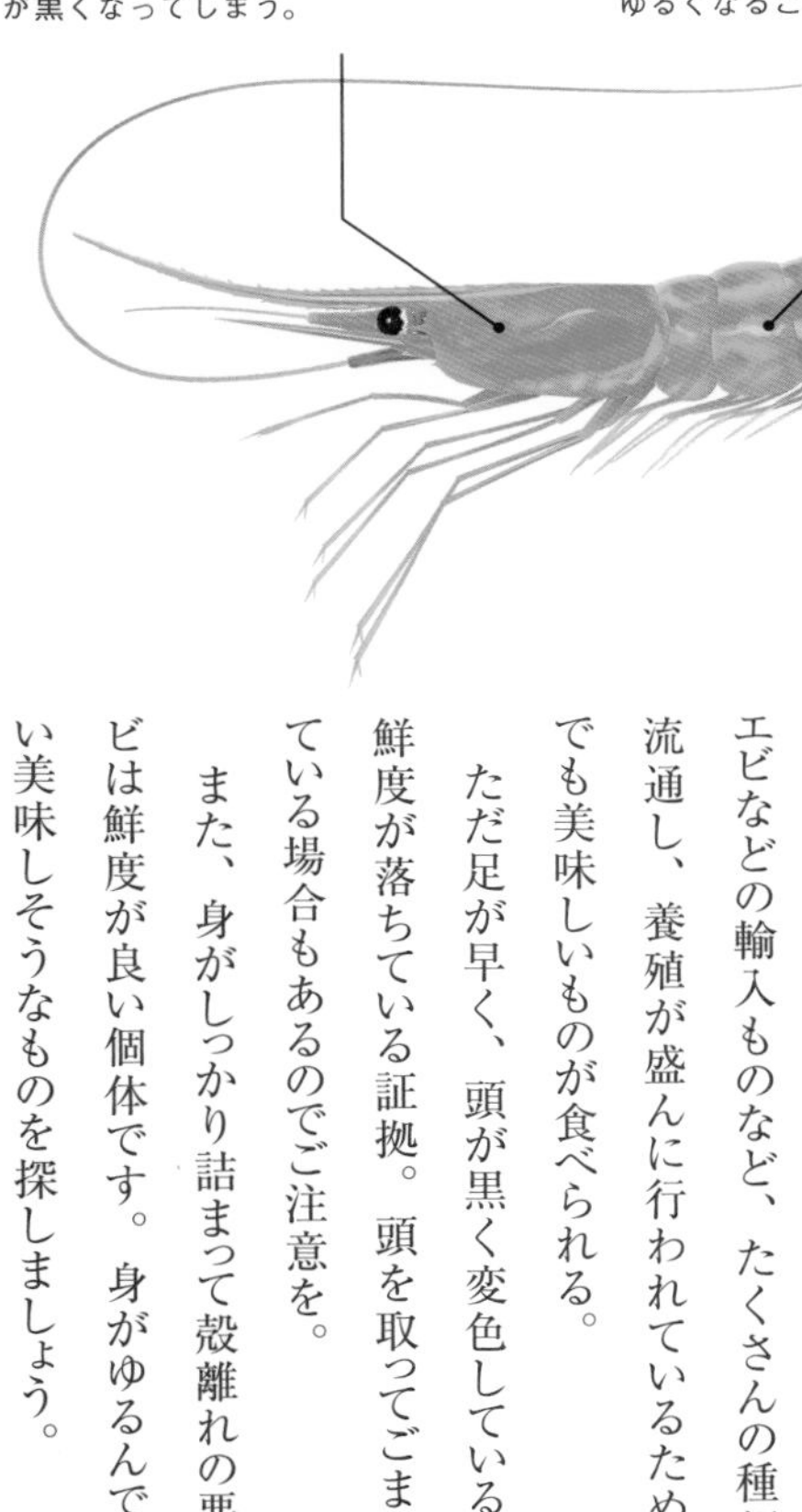

殻と身に隙間がなければ◎

エビは、甘エビ、ボタンエビ、クルマエビなどの国産ものをはじめ、ブラックタイガーやアカエビなどの輸入ものなど、たくさんの種類が流通し、養殖が盛んに行われているためいつでも美味しいものが食べられる。

ただ足が早く、頭が黒く変色しているのは鮮度が落ちている証拠。頭を取ってごまかしている場合もあるのでご注意を。

また、身がしっかり詰まって殻離れの悪いエビは鮮度が良い個体です。身がゆるんでいない美味しそうなものを探しましょう。

蟹 かに

（英）Crab

［旬］11月〜2月（冬）※タラバガニ　1月〜3月（冬）※ズワイガニ

大きな棘があるタラバガニと、細身の足が特徴のズワイガニ。日本では身の多いこの二種類が蟹の代表格で、ゆで蟹や蒸し蟹、しゃぶしゃぶなどが人気。

カニの見極めポイント

POINT：1

身がしっかり詰まった重いものが美味しい

甲殻類は、身がしっかりと詰まったものが美味しい。見た目でわからなくても重さでわかる。

POINT：2

赤い色がしっかりと出て殻や甲羅が汚いもの

火が入ったものは、赤色がしっかりと出ていること。また、実は殻や甲羅が汚い方が美味しい。

殻や甲羅の汚いものが美味しい

主に北海道で捕れるタラバガニと、北方や日本海で捕れるズワイガニがある。

美味しいものは、まず殻が硬く身がしっかりと詰まったもの。殻の柔らかい脱皮直後のカニは身に水分を多く含むので美味しくありません。身の詰まりは持った際の重みで判別しましょう。

また、殻や甲羅に付いている黒い粒（寄生虫の卵）は、餌の豊富な場所にいたことや、脱皮していない証拠でもあるので、付いているほど実は身が美味しいのです。

烏賊（いか）

（英）Squid

［旬］一年中 ※地域、種類によって異なる

一年中捕ることができるイカだが、春はコウイカ、春から夏にかけてはアオリイカ、夏から秋がスルメイカ、冬はヤリイカと、種類によって旬が異なる。

イカの見極めポイント

POINT：1

目が澄んでいるものが鮮度がよく美味しい

種類を問わず目が澄んでいるものが鮮度がいい。逆にくすんだ目のイカは鮮度が悪い。

POINT：2

できるだけ透明度の高いもの

鮮度が落ちてくると体の色が白くボケてくるので、なるべく透明度のあるものを選ぶといい。

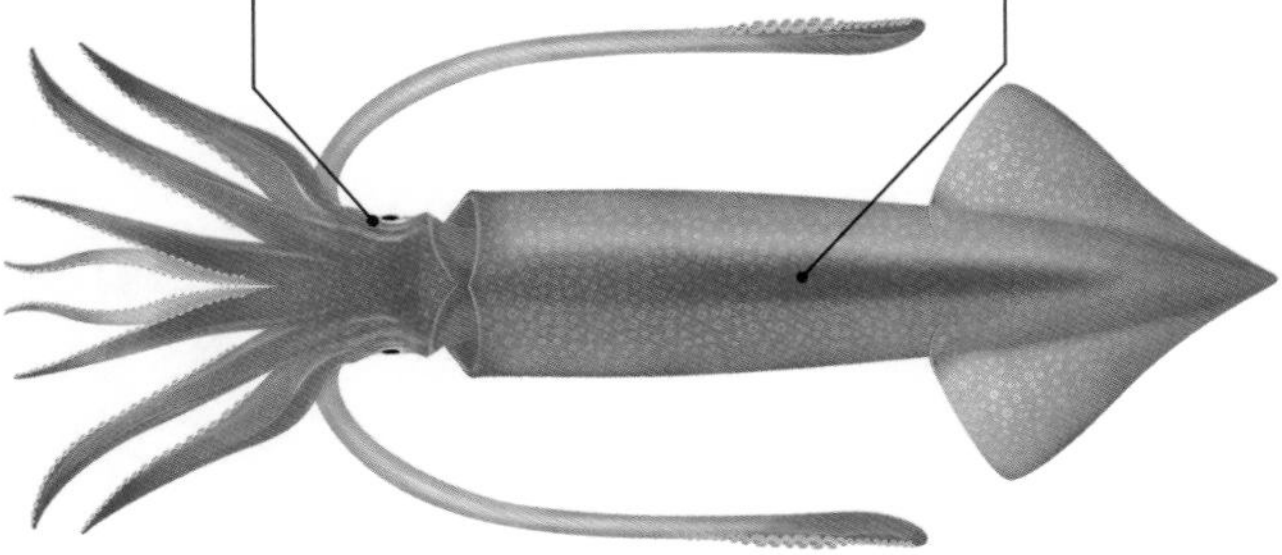

イカの見極めは目と体の透明度

イカと言っても、日本では色々な種類のイカが食べられていますが、それぞれ旬が違います。また、刺身にはヤリイカやアオリイカ、加熱料理には肉厚なスルメイカやコウイカなど、料理によっても合うイカが違うので、購入する際の参考にしてください。

鮮度がいいのは目の澄んでいるイカです。また、生きているときには体が透明なので、透明度が高いほど鮮度がいいという証拠。加熱せず、生で食べる場合は特に、体の色が白くボケていない新鮮なイカを選びましょう。

蛸 たこ

(英) Octopus
[旬] 一年中 ※地域、種類によって異なる
日本で流通しているタコは、主にマダコとミズダコの2種類。捕れる地域によって旬が異なるが、瀬戸内海のマダコは春から夏が旬とされ値段も高い。

タコの見極めポイント

POINT：1
足は太くて短いもの

食感と旨味を楽しむタコは、太くて短い足で。身になるべく厚みがあるものを選ぶといい。

POINT：2
切断面の繊維が細かいもの

皮切断面の白い部分に繊維の目が細かく入っているものは、味が濃く美味しいタコ。

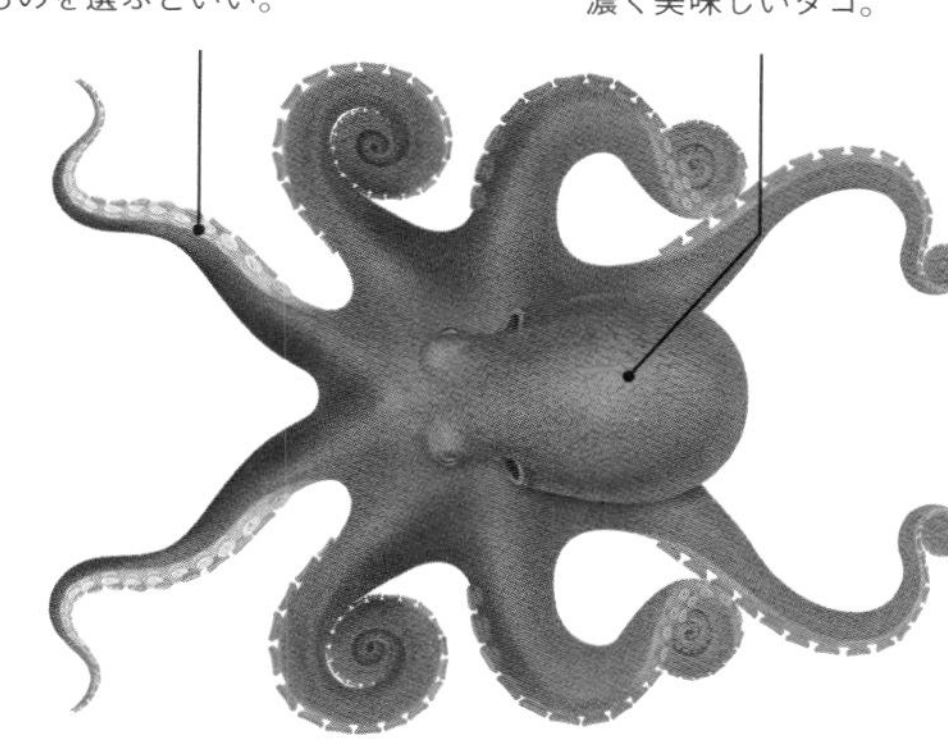

濃い赤茶色の国産ものを

日本人が世界で一番タコを食べていると言われ、流通しているのは主にマダコとミズダコです。小型で味が濃いのがマダコ。大型で柔らかいのがミズダコ。いずれも輸入ものも多く売られていますが、濃い赤茶色の国産のものが味が濃く香りがあってオススメ。一般に売られているのはゆでダコですが、足が太くて短い、肉厚なものを選びましょう。

また、切断面に繊維の目が細かく入っているものが、栄養をたっぷりとった味の濃い美味しいタコです。

蜆（しじみ）・浅蜊（あさり）

（英）Japanese corbicula / Jananese short-neck clam
［旬］しじみ　1月～2月、7～8月／あさり　2月～4月
お味噌汁や炊き込みご飯など、日本の食文化とも馴染み深い二枚貝のしじみとあさり。どちらも栄養価が高く、健康にもいい。

小さくても栄養価が高く優秀

日本の食卓には欠かせない貝類の代表格。小さく黒い貝殻のシジミと、やや大きく色や模様のバリエーションが豊かなアサリ。いずれも鉄分やミネラルなどを豊富に含み栄養価が高く、シジミは肝機能の低下に、アサリは貧血解消などに効果を発揮するなど、健康食品としても優秀です。

購入する際は、口が開いていないものを選ぶこと。パックの中に開いているものがひとつあると、すぐ全体に臭いが移ってしまうので、そういうものはなるべく避けましょう。

シジミ・アサリの見極めポイント

POINT：1
黄色いシジミは肝臓にいい

初夏頃に市場に出回る「黄色っぽい」シジミは、栄養価が高く肝臓にとてもいい。

POINT：2
口がしっかりと閉じているものを

身が弱っていると口がゆるくなるので、しっかりと閉じているものを選ぶ。シジミも同様。

シジミ

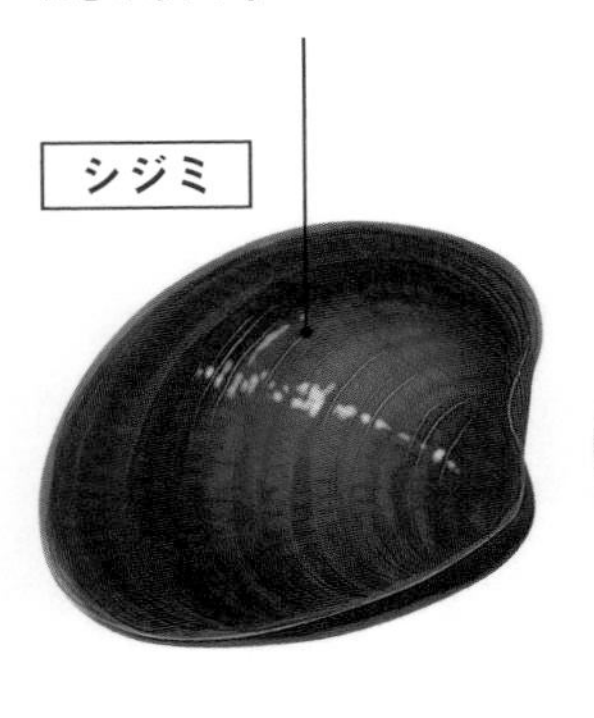

アサリ

黄色のシジミを見かけたら迷わず選ぼう。

CHECK

口を閉じない貝類を買ってはいけない

シジミやアサリ、ハマグリなど、多くの貝類が食べられているが、口を開いている。もしくは、衝撃を与えても口を閉じない貝は、すでに弱っているか死んでいます。

実は貝は足が早く、死んでしまうとすぐに臭みが出てしまい、全体に臭いが移ってしまうのです。

貝は自分の身を守るために口を閉じるので、生きていれば危険を察知してすぐに固く口を閉じるもの。二枚貝でなくても、元気があれば岩からはすぐに剥がれないものなのです。

ちなみに、魚屋の水槽の中で口を開け、水管を出している貝は、逆に活力のある元気な貝です。まとめて購入する際も、なるべく細かくチェックして買うといいでしょう。

アサリは柄でも産地が分かると言われ、色鮮やかなのが千葉県産。殻が厚いベージュ系が北海道産。殻が薄く模様がボケているのが中国産とされる。

栄螺（さざえ）・雲丹（うに）

（英）Spiny top-shell / Short-spined sea urchin
［旬］5月〜8月（春〜夏）
つぼ焼きが全国で食べられる巻き貝のサザエ。そして、お寿司や丼のネタで人気のウニ。いずれも春から夏までが旬。

強そうな棘のサザエが正解

浜の郷土料理としても親しまれているサザエ。お寿司や丼のネタとして好まれ、都会では高級食材としても好まれるウニ。

岩場にいるサザエは、棘が多く大きいものが美味しい。これは、岩場にしがみつき、潮の流れに逆らって餌を食べていた証拠であり、栄養が摂れていて身が肥えています。

ウニは、一般的にむき身の状態で売られていますが、身が溶けていたり、色が黒っぽいものは鮮度が悪いので、身の端がしっかりした色鮮やかなものを選びましょう。

サザエの見極めポイント

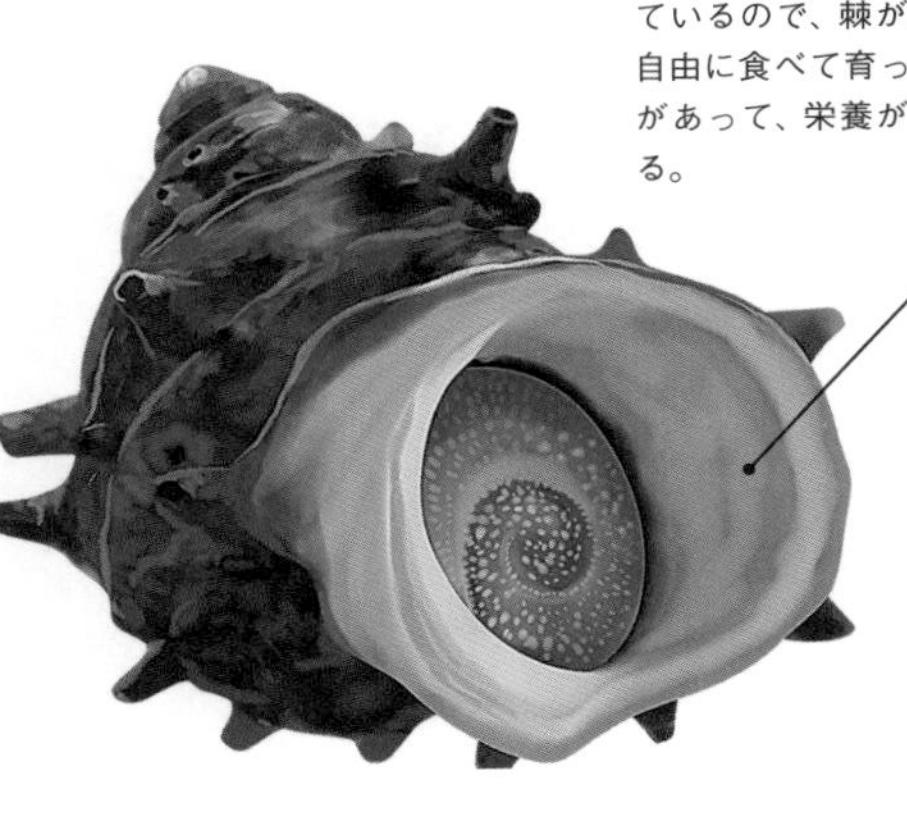

POINT
貝の棘が多くて大きいものほど美味しい

棘によって岩場の間に体を固定しているので、棘が大きいほど餌を自由に食べて育っている。生命力があって、栄養がある個体と言える。

牡蠣・帆立

（かき・ほたて）

（英）Oyster / Giant ezo-scallop

［旬］マガキ 12月～4月※岩牡蠣は夏／ホタテ5～8月

大型の二枚貝でいずれも味や香りが良く、生食はもちろん、さまざまな食べ方で楽しめる。

カキの見極めポイント

POINT
殻が真っすぐで扇形のものを選ぶ

殻がくの字に曲がっているものは栄養不足。真っ直ぐで、横幅の広い扇形のものがいい。

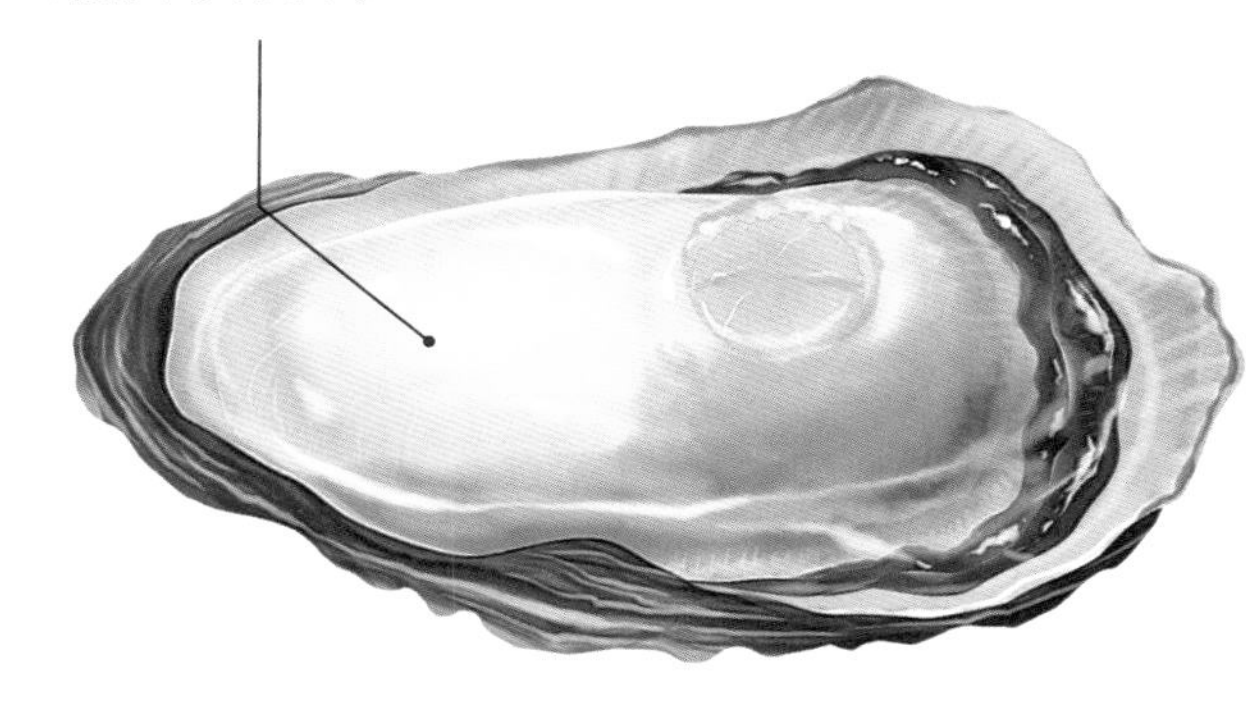

見極めれば美味しいものに出会える

さまざまな料理で日本人の食卓を彩っているカキとホタテ。いずれも流通するほとんどが養殖で、良いものを選べば十分に美味しさを堪能できます。

カキは、殻が真っすぐで扇型のものが美味しい。くの字のものや細長いものは栄養が足りていない証拠です。剥き身で買う場合は、身がぷっくりしたものを選びましょう。

ホタテは産卵前のなるべく内臓が小さいものを選びましょう。また、柱は大きく張りのあるものが味が濃く美味しいものです。

第五章

すべての基本は干物にあり

先代の思いを継承しつづける天日干しのサスエの干物

ここからは私、前田尚毅という人間についてお話ししていきます。なぜ魚屋として、日本でも有名な料理人やシェフたちと仕事をするようになったのかという経緯や、魚屋としての人生が変わった恩師や仲間との出会いについても、少しお話しさせていただきます。

サスエ前田魚店のこだわりはというと、それはズバリ、干物です。ウチの干物は「天日干し（てんぴぼし）」です。これは先代からの遺言でもあり、天日干しでなければ出ない美味しさがあり、干しあがりも綺麗です。

干物にはその他に「一夜干し（いちやぼし）」もあります。一夜干しは機械を使ってゆっくりと火入れしながら干していくイメージです。一方、私たちがこだわる天日干しの干物は、太陽の日差しを使って強火でガンッと火を入れるイメージで、旨みを濃縮しているのです。ただ、機械で作る一夜干しの干物はどんどん作ることができても、晴れた日にしっかりと干さなければならない天日干しだと、数を作ることができません。

それでも天日干しにこだわるのは、私が先代たちの思いや技術を、代々継承し続けているからです。

私が子どもの頃の話ですが、風呂に薪をくべる祖父から「干物は天日干しでやるものだ」と聞かされ続けていました。また、高校に上がるころには登校の前に店に寄り、祖父と一緒によく干物を干していました。

そうやって、魚の開き方や干物の干し方、ゴマの振り方（サスエの干物はごま付きです）まで、干物について事細かく教わって、その信念を叩き込まれてきたのです。

たかが干物。されど干物。

このサスエ前田魚店の干物には、そうやって受け継がれている魚へのこだわりや愛が詰まっているのです。

そして、私はこの干物をさらに進化させるべく研究しています。

いま作っているのは、一般小売用の夕飯や朝食に並ぶ干物とは異なり、普段は星付き

小さい頃から祖父（中央）より仕込まれてきた天日干しの干物は、いまでも前田尚毅（祖父の後ろの黒シャツの子ども）の礎となっている。

店に刺身用として売るような高級魚を使った新しい干物です。
この干物には、お客さんが箱を開けた時に驚くようヒレ1枚1枚にまで気を使ってい て、干物でありながら干物でないものです。水分を飛ばし過ぎていないので、焼いたら ジューシーでふっくらとしている。しかも、干物だから旨みが凝縮されている。そうい う干物を目指して作っています。

これまでは、手頃な魚を干物にしてできるだけ安く地方の方々に提供するというのが、先代から受け継いだサスエ前田魚店の干物でした。

もちろん、その干物も変わらず続けています。

けれど、同じ天日干しの干物でも、伝統の技術を応用してあえて高級な魚を使うことで、値段は少し高くても、本当に美味しい干物を消費者に届けたいという思いを形にしたのです。

はじめは、安価で売ることが常識であった干物を、高い価格設定で作るということに、抵抗や不安はありました。

しかし、幸いなことに多くの方にご支持を頂き、メディアでも紹介され、現在では多くの注文をいただけるようになりました。

また、２０２０年からの新型コロナウイルスの流行により、飲食店の営業自粛が続いたことで、魚が売れなくなった時期もありました。それでも漁師さんたちは海に出て、魚を捕ってこなければ生活ができません。

そんな地元の漁師さんたちを支えてこられたのも、この干物なのです。

このコロナ禍によって、多くの人の生活が変わったかと思います。

私たちの業界でも、沢山の苦労や困難がありました。

それでも、この干物をきっかけに、地元の漁師さんを支え、地元の美味しい魚をもっと沢山の人に食べてもらえるようになればと、またさらに、新しいことにも挑戦したいと思っています。

「干物を頼んだのに鮮魚が届いた」というクレームが来たこともあるほど、美しく仕上がった干物の箱詰め。

天日干しのイワシの干物もお店の伝統であり、名物だ。

サスエ前田魚店としての妥協のない毎日の仕事

魚という〝自然のもの〟を扱う以上、いつでも当たり前に魚が手に入る訳ではありません。

天候や気温、潮の流れの変化など、漁師はさまざまな要素と闘いながら毎日命がけで漁を行っています。

飲食店や魚屋のなかには、欲しい魚が手に入らないことを漁師のせいにする人もいますが、それは大きな間違いです。

何時間もかけて1000本の針を海に落としても、小ぶりなサバが2本しかかからない日もあるそうです。それでも心を折らずに、毎日漁に出てくれる漁師の頑張りがなければ、私たちは商売が出来ません。

ですから、彼らには本当に感謝しなければならないのです。

それでもやはり、不漁の日はあります。

では、もしも不漁の日があったらどうするのか。そのときは、扱う魚を妥協するのではなく、いい魚を扱うために、「想像できることをすべてやる」ことが大切だと思っています。

たとえば私は、スマホのアプリを使って常に風を読んでいます。それと漁師仲間からもたらされるナマの現場情報を組み合わせ、向こう1週間くらいの水揚げを予測して魚を仕入れています。そして、10以上の港に仕入れ先を持っています。

あらゆる情報に常にアンテナをはり巡らせ、迅速に、柔軟に動くこと。つまり、最良の魚を手に入れるためにどう動いたのかに価値があり、そうすることで自分の仕事に胸を張ることができる。

これは、魚屋だけではなく、飲食店や料理人にも同じことが言えるのではないでしょうか。

商売としての視点で見れば、魚屋は飲食店に魚を買ってもらう立場なのですが、今はそういうことにこだわっている時代じゃない。魚屋も飲食店も、漁師と同じように命がけで魚と向き合わなければ、いい魚を扱うことはできないのです。

[深夜の行動一例(天候不良のケース)]

0:00 (24:00)	地元・焼津の海は状況が悪いだろうと判断。 各料理人と連絡し、翌日必要な魚を確認する
0:30	100km 離れている伊豆の情報を探るも、伊豆からの情報はなし
1:00	
1:30	県外の飲食店からも状況確認の連絡が入る
2:00	沼津で水揚げがありそうとの情報が入る 各料理人にこの日の状況を LINE で報告
2:30	沼津の競りに向け出発
3:00	
3:30	沼津付近に到着したところで、沼津でも不漁という連絡が入る。焼津にUターン
4:00	朝の忙しい時間帯の前に食事を済ませる サスエ前田魚店に帰還
4:30	
5:00	焼津の状況を関係者に確認するも、やはり状況はよくないとの連絡
5:30	
6:00	知人の漁師に状況を確認する。こちらも芳しくない回答。
6:30	
7:00	カツオの買い付けのため、40km 南方の御前崎の競りに参加
7:30	御前崎の周辺の市場に立ち寄り、なんとか魚を集めてまわる
8:00	サスエ前田魚店に帰還と同時に、県内の飲食店が買い付けに来る
8:30	県外の飲食店などに向け魚を仕立て、魚を発送するための準備・梱包作業
9:00	小売店に並べるための魚を仕立てる
9:30	その日、干物にするための魚を用意する
10:00	小売店営業開始

焼津の港だけでなく伊豆や沼津など遠方の港まで買い付けに出かけることも頻繁にある。そのため、各地にネットワークを持ち、状況を瞬時に把握して動けるよう常にアンテナを張っている。

市場では漁師さんとも話して情報交換を欠かさない

お店に戻っても常に飲食店と連絡を取り合い、最善の仕入れと仕立てを行う

静岡・焼津で魚屋をやる
それが宿命だと悟った日

私の誕生日は8月12日なのですが、その日は毎年「焼津祭り（焼津神社大祭）」の行われる日でもあります。

地元で一番の祭りの日に産まれたということもあり、20歳くらいまでは祭りを中心に置いた生活でした。神輿（みこし）の担ぎ手としてナメられないように振る舞うことだとか、周りを認めさせるということを意識してきたヤンチャな青春時代だったと思います。

そうやって祭りをどんどん好きになる中で、元来、熱中しやすい性格の私は、地元の祭りの歴史やルーツを紐解くようになります。

そして日本書紀や古事記の世界にものめり込み、果ては焼津神社の御祭神である「ヤマトタケルノミコト（日本武尊）」について追求して、その人となりを調べていくようになったのです。

するとある時、驚くべきことを知りました。

焼津祭りで神輿を担ぐ著者（前列中央）の若かりし姿。父親も、もう一方の柱を最前列で担いでいる（前列右手）

焼津神社では毎年8月12・13日に大祭 荒祭が開催される。東海一とも言われる激しい祭りで、著者のDNAは形成されていった。

そもそも焼津という土地の名前自体が、ヤマトタケルノミコトの伝説が由来だったのです。古代史に造詣が深い方はご存じかもしれません。

東国の平定に出兵していたヤマトタケルノミコトは、ある時、敵に欺かれて草むらの四方から火を点けられます。炎に囲まれて絶体絶命のピンチでしたが、天叢雲剣（あめのむらくものつるぎ）で草をなぎ払い、また同時に炎を敵方に向かわせることにも成功。無事窮地を脱しました。

この故事から、焼き払われた土地は「ヤキツ」と呼ばれるようになり、現在の「焼津」へと変遷したのです。

この伝説に不思議な運命のようなものを感じつつ、ヤマトタケルノミコトを詳しく知ってくると、片側が不自由であった話や、剣の使い手だった話など、さらに私との共通点（怪我をする、病気になるのはすべて左側である。包丁という刃物を使っている）をたくさん見つけました。

笑われるのは承知していますが、知人に「キミが生まれ変わりだ」と言われたことを、段々と本気で信じるようになっていきました。

ヤマトタケルノミコトの話はにわかばなしですが、祭りの話もヤマトタケルノミコトの話も、好きなことをどんどん追求して詳しくなっていけば、自ずと周りの人も評価してくれる。そして、予想もしないような新しい発見があるということを学んでいったのです。

その時、これまでの自分の価値というのは、周りの人があってこそだということに気がついたのです。

「当たり前」のことは何ひとつとして存在しない

新型コロナウイルスの流行をきっかけに、世界は様変わりしました。

いつものように通っていた学校や職場。

いつものように出かけていた街やお店。

いつものように会っていた家族や友人。

「当たり前」ではなくなって初めて、それらがいかに私たちにとって大きな存在だったか気付かされました。今日あることが、明日も同じようにあるとは限らない。〝今日一日〟と大切に向き合わなければいけない。

世界中の人々が、そんな想いを強くした時間でした。


私もいま、焼津という場所で駿河湾の魚を扱うということは、当たり前のことではなく、とても誇らしく特別なことだと感じています。

サスエ前田魚店では、イワシの干物を「6匹420円」という安価で提供し続けてきました。

しかし、それを続けることは「当たり前」ではありません。天然の生け簀とも言える駿河湾がそこにあり、いつも命がけで魚を捕ってくれる人がいる。だからこそ、魚屋がイワシの干物を作り続けられるのです。このような自然環境や周囲への感謝は、つい忘れてしまいがちですが、大切なことなのです。

地元にも、私のそういった思いに刺激され、賛同してくれる仲間が増えてきています。そんな彼らと、この静岡・焼津という土地にこだわりながら全国で勝負し、共に成長していく。それが現在のバイタリティの源となっています。

全国にはさまざまな海、港があり、素晴らしい漁場はたくさんある。焼津が日本で一番だとは、決して思っていません。だからこそ、こだわってやらなければならないことがある。それこそが、「漁師・魚屋・料理人」のバトンリレーです。

「当たり前」だと思ってきたものを徹底的に見直すことで、都会にはない「特別な何か」に変わる瞬間があります。いま、静岡・焼津の飲食店では、そんな特別な瞬間が生まれ始めています。機会があれば、後述する料理人たちのお店に足を運んで、ぜひ読者の皆さんの舌で体験していただければと思います。

魚を捌くために重要なのは包丁ではなく、よく「学ぶ」こと

私は同じ魚屋だった祖父に「あるもので何とかするのがプロだ」と教えられてきました。それこそが魚のことをよく知っている専門職である魚屋の仕事です。

故に、100%の素材が手に入らなくても、それに近いものを手に入れる努力をし、選び、そして100%に近づけて料理人にバトンを渡すのです。

料理人の方たちのなかには、食材のことをよく分かっていると豪語する人もいますが、本当に分かっているのはごく僅かな超一流の方たちだけでしょう。

だからこそ職業として、肉のことなら精肉店、野菜のことならば八百屋というように、専門店や専門職の方たちがいなければならないわけです。もちろん、料理人には料理という専門の仕事がありますので、そこを極めていけばいいのだと思います。

そういう意味でも、私は料理人ではなく魚屋なので、包丁などの道具には一切こだわりがありません。実際、捨てられそうだったボロボロの包丁を見つけ、きれいに研ぎ、今も使っていたりします。多くの読者の方が、家庭用の包丁（両刃の三徳包丁）を使っ

ているると思いますが、切れるようにきちんと研がれていれば、魚を捌くことには困らないと思います。道具にこだわるよりも、「冷やし」や「ひと塩」など、素材の味をきちんと引き出すことにこだわった方が魚は美味しくなります。

余談ですが、食材のことをわかっている超一流のシェフと言えば、広島の割烹「馳走啐啄一十」の平野寿将さんを語らないわけにはいきません。

私が出会ってきた料理人のなかでも、平野さんの食材にかける情熱は突出しています。平野さんを見ていると「食材は、料理人にとっての武器。武器が強くないと、勝負には勝てない」という気概を感じずにはいられません。

それは、「お品書きが、当日まで決まっていない」というお店のルールからも伝わってきます。

その日に得られる最高の食材を使いたい――。

だから、当日までお品書きは決められない――。

飲食の関係者ならピンときますが、「お品書きを当日決める」というのは、とてつもなく大変な仕事です。こんな難題を毎日のように支えるお店のスタッフたちも本当にすごいと思います。
徹底して食材に向き合っていることは、平野さんの行動からわかります。たとえば私から彼に電話したときなどは、３～５回のコール音が鳴る間に、必ず電話を取ってくれます。食材の情報をひとつも逃すまいと、常にアンテナを張っているわけです。

また、数々の世界的コンペティションで表彰されてきたフレンチ「ＮＡＲＩＳＡＷＡ」の成澤由浩（なりさわよしひろ）シェフも、食材にかける想いは群を抜いています。お店は青山ですが、ほとんど東京にいないのではないかと疑ってしまうほど、時間をつくっては全国の生産者を訪ね歩いています。ＮＡＲＩＳＡＷＡがグランメゾンとして名を馳せた今でこそご存じの方も多いと思いますが、成澤シェフは有名になるずっと前から、食材を探し続けていた料理人でした。

魚屋としての人生観を変えたキーマンたちとの出会い

私が魚屋として、これだけ本気で魚に向き合うようになったのは、ある飲食店の親方との出会いがあります。

当時焼津で一番と名高い割烹料理店「月の森」の店主、長谷川裕三さんです。

「身銭で食べないと味は覚えられない」と言われて育った私は、20歳の身にとっては大金の1万円札を握りしめ、親方の割烹に向かいました。不慣れな場で右も左もわかりませんでしたが、幾度も足を運ぶうちに親方が可愛がってくれるようになり、地元の名士に私を紹介してくれることもありました。

さらには、まだ若造だった私が選んだカツオを買ってくれ、振る舞ったお客さんの前で「このカツオが美味いのは、持ってきたこいつの手柄だよ」と言ってくれた。そういう粋なことをしてくれる人でした。

私は高校のとき、ヤンチャをしていたこともあって、人に褒められることはなかったのですが、その親方のおかげで、きちんといい仕事をすれば、大人たちから褒めてもらえるということを知り、感激したものです。

その当時、私はそこまでの目利きができていた訳ではないと思います。ですが、若い私を見て、こいつを男にしてやろうという親方の気持ちが嬉しかった。

親方は、それからも私のことを常に目にかけてくれ、人生観など、いろいろなことを教えてくれました。どんなときでも最高の仕事ができるよう、「刀は常に磨いておけ」という言葉をかけてくれたのも親方であり、いまの私にとって欠かすことのできない人でした。

3年ほどお店に通った頃、親方はすい臓がんで亡くなりました。恩師を突然失った悲しみは筆舌に尽くしがたいものでした。けれど、「今まで受けてきた恩を返すには、魚を美味しく仕立てる。それしかない」と、辛うじて立ち上がることができました。

私が本気で魚と向き合うようになったのも、早く本当に目利きができるようになって、この親方に恩返ししなくてはいけない。という気持ちが大きかったのは間違いありません。

「月の森」の店主、故・長谷川裕三さん。何もわからない状態ではじめた魚屋でも、親方との出会いをきっかけに本気で魚と向き合うようになった。

この親方との出会いのほかにも、私の人生において重要な出会いは沢山ありました。

その中でも、欠かすことのできない人物といえば、「てんぷら成生（なるせ）」の店主、志村剛生（しむらたけお）でしょう。

彼との出会いは、焼津の割烹料理屋で彼が修業をしていた時代に、若い衆としてウチに魚の仕入れに来ていたことがはじまりです。

はじめは仲が良かったという訳ではないのですが、彼が独立して店を出すというときに、色々なお店に修業に行きながら、より高みを目指そうとする姿に共感し、独立のタイミングで一緒にやろうという話になったのです。

それでも、最初の2年ぐらいはただの魚屋と料理人の関係が続き、私も彼も本腰を入れて共に勝負するという気持ちではありませんでした。それがお互い徐々に本気になってきたという感じで、今では本気で、てんぷら成生を日本一の店にしたいという思いになっています。

てんぷら成生には〝群れの先頭を泳ぐ肥えたアジ〟を常に用意しようと心掛けています。また、どんなお客さんが予約しているのか、野菜はどんなものが揃っているのか、

これまで多くの困難を共に乗り越えてきた戦友であるてんぷら成生・志村氏（右）。

どんな風に調理するつもりか、など、彼とは毎日情報をやり取りしています。成生の料理に合わせた魚の仕込みを行うことで、日本一の食体験を常に提供したいと考えているのです。

私は高校のときから足が悪く、なんども手術を繰り返しているのですが、その足の手術で意識が朦朧（もうろう）としているときにも成生のことを考えていました。また、成生がどうしても魚が欲しいというときは、どんなときでも走り回ってきました。

彼とはそういう熱い思いを常に共有し、時には摑み合いの喧嘩もしながらいろいろな困難を乗り越えてきた、言わば戦友のような関係です。

なので、てんぷら成生が世間で評価を上げれば上げるほど、私も自分のことのように嬉しく思うことができるのです。

てんぷら成生の志村のほかにもうひとり、私を熱くさせてくれる仲間がいます。それは、地元の漁師、「春喜丸」船主・山内正晴（やまうちまさはる）です。

山内とは、実は静岡県立焼津水産高校の同級生であり、高校時代には一緒にウチの店でバイトをしたこともある仲。つまり、古い友人のひとりです。

高校の同級生である漁師の山内(右)。漁への探究心は凄く、妥協しないその姿勢には頭が下がる

この山内という男は、高校時代から成績も優秀で、卒業後にはさらに2年間船のことを学べる専攻科に進み、その後は高校の実習船の教官としても活躍していました。教官を退官したあとは、いろいろな漁船（桜えび漁、シラス漁、はえ縄漁など）で修業を重ね、満を持して２０１９年に新船を出したという男です。

修業している間は、特にやり取りがあった訳ではなく、山内が新船を出したという話を別の同級生から聞き、何十年ぶりに再開することになりました。そして、彼が漁に追い求めている理想と、私が魚屋の仕事として求めている理想とが合致したことで、今では欠かせないパートナーとなった訳です。

山内の凄いところは、ほかの漁師とは違い、漁獲量という結果ではなく、どれだけいい魚を捕ってこられたのかという質にこだわっているということ。

私からも山内には、冷やしや締め方、処理の仕方など、多くの厳しい注文をしました。彼は、私が魚のプロであると認めてくれたうえで、それらの注文をすべて聞き入れてくれたのです。

本来漁師とは、魚を捕ってくる大元であり、漁師のプライドとして魚屋の意見を聞き入れることはありません。そして魚屋も、漁師が捕ってきた魚を買ってやるというスタンスなので、同じ魚を扱う職業であるのに、水と油のように交わることはありませんでした。

しかし山内は、私と同じ「いい魚を届けたい」という本質を理想としていたので、その部分で私と同志になることができたのではないでしょうか。

山内は漁に出る際、普通の漁師の3倍以上の氷を持っていきます。魚の「冷やし」を徹底するためです。そして、甲板には魚を傷めないよう海水を含ませたスポンジを敷き、釣り上げたその場ですぐに処理をする。そうやって質の高い魚を捕ってきてくれます。

そんなやり方は数を多く捕ることができないため儲からず、普通の漁師は絶対にやりません。

一度体験するとわかるのですが、甲板の上は灼熱の仕事場です。誰だって面倒な仕事はやりたくありません。それでも山内はやってくれる。そういう魚に対する熱い想いにいつも胸を打たれています。

私は何事にも熱のある人間が好きで、相手に温度が高ければ、それだけ自分も熱くなることができる。そういう性格をしています。

てんぷら成生の志村も、春喜丸の山内も、私の熱い気持ちに共感してくれ、彼ら自身も熱い心を持っている。

地元・静岡の仲間で言えば、「茶懐石 温石」の杉山乃互、「シンプルズ」の井上靖彦、「日本料理ＦＵＪＩ」の藤岡雅貴など、私の思いに共感し、頑張ってくれている者もいます。気恥ずかしいので大きな声では言いませんが、彼らの成長スピードは非常に著しいものがあります。正直に言って、味だけなら東京の星付き店を上回っていると思います。ぜひ彼らの店に一度足を運んでみてください。

そのように私が魚を提供している全国のスターシェフたちも含めて、美味しい魚を提供したいという熱い思いを持った同士たちが、私を熱くさせ、さらなる高みへと成長させてくれているのです。

2020年には各店が『ゴ・エ・ミヨ・ジャポン』に掲載され、地元の料理人仲間たちもようやく全国区で名が知られるようになってきた。左から井上靖彦、藤岡雅貴、著者、志村剛生、杉山乃互。

終章

世界に誇る、日本の水産

超一流の料理人たちに静岡の魚を認めてもらえるか

もう10年以上前の話になりますが、『ミシュランガイド 東京』に掲載された飲食店の料理人たちを見たときに、静岡出身の方が多いということに気がつきました。

でも調べると、当時その方たちは静岡の魚を使っていなかったのです。

静岡県には駿河湾という豊かな海があり、魚にも恵まれている。そんな地元で育ったはずの料理人が超一流になったとき、地元の魚を使っていないということは、静岡の魚が超一流の料理にはならないと思われていると感じたのです。

そのときに私のスイッチが入り、まずは私の仕立てによって、静岡・焼津の魚を超一流の料理人に認めてもらいたい。そんな強い意識が生まれました。

魚の美味しさを引き出すためには、どんな仕立てが必要なのか。そして、焼津から東京へ、魚の美味しさを保ったまま運ぶにはどうしたらいいか。

そうやって生まれたのが、私の言う「冷やし」であり、「ひと塩」です。

私たちの仕事がそんな超一流の料理人たちにも徐々に認めてもらえるようになり、焼津の魚や私のことを、メディアでもとりあげてもらえるようになった現在でも、そういう思いは常に持ち続けています。

一方で、東京でも認められた魚を食べられるお店を、静岡にもっと増やすことができれば、もっと地元に人を呼ぶことができるのではないか。そう思うようにもなりました。港町に旅行に行ったときのことを想像していただければわかりますが、その場所で捕れた魚を、その場所で食べるから美味しい。そういう経験は誰しもあるかと思います。静岡の魚だからこそ、静岡で食べたい。このライブ感は、東京の飲食店には真似できない最強の武器になるはず。

「食材提供者」＋「料理人」を地元でやる。それにより、地元に多くの人を呼ぶことができる。そこには仕事が増えて、地元の子も残る。私はこれこそが、地方創生のモデルケースだと思っています。

15年前、盟友である志村剛生と「てんぷら成生」を開店したとき、「たった7席の店で何ができるんだ」と皆に笑われ続けました。いろいろな面で協力をお願いしても無視されることがほとんどで、誰もが成生は失敗すると思っていた。

けれどいま、私たちの挑戦を笑う人はいません。

てんぷら成生は様々な料理コンペティションで表彰され、日本にとどまらず世界各国からＶＩＰが訪れています。弱輩の身でお恥ずかしい限りですが、私自身も『ゴ・エ・ミヨ・ジャポン』で生産者に贈られる特別賞をいただきました。地元以外にも私たちを応援してくれる声が増え続けています。


ただ、私たちは、先陣を走っているにすぎません。

信念さえあれば、誰でも同じ現象は起こせるのです。

このような地方活性化が、これから日本全国でどんどん起こっていく事を切に願っています。


さて先日、地元のよく知っているお客さんが末期がんを宣告され、余命いくばくも残っていない状態になっていると耳にしました。

がんの影響で、満足に咀嚼して食べることができなくなっているそうです。

そこでご家族が、最後に何が食べたいか問うたところ、そのお客さんは「サスエの魚」とお答えになったそうです。

聞いた瞬間、思わず目頭が熱くなりました。

24時間365日、魚のことを考えていると疲労困憊になる瞬間もあります。

私は元来よくできた人間ではありませんから、腹が立ったりムシャクシャしたりしている時間も多いのです。

それでも、このようなお客さんのお言葉を頂戴できるだけで、また頑張ろうと奮い立つことができます。99％はイヤなことでも、1％の特別なご褒美があれば、すべてが報われた気持ちになれるのです。

魚をとおして、ひとりでも多くの人に、感動を届けたい。

魚をとおして、記憶に残る体験をしてもらいたい。

その想いで、今日も明日も、おそらくはぶっ倒れるまで、私は魚と向き合っていく所存です。

水産は日本の国技！世界にも十分通用する

島国である日本は、四方を海に囲まれている魚に恵まれた国と言えるでしょう。北は北海道から南は沖縄まで、さまざまな種類の魚を捕ることができます。

それ故に、古くから漁師や魚屋という文化が地方に根付き、そのほとんどの場所で、魚を生で食べることができる。

実は、世界的に見ればこれは凄いことでもあります。

日本には魚を生で食べる習慣があるというのも大きいですが、漁の仕方、保存の仕方、捌き方など、日本の魚を扱う技術は、間違いなく世界一と言えるでしょう。

つまり「食」という部分では、水産は日本の国技と言えるのです。

そして私は、この技術を世界中の人達にもっと発信していくべきだと思っています。「傳」の長谷川シェフは、アジアをはじめ、世界に認められたホスピタリティ賞の数々を受賞しています。彼は日本人で言う「おもてなし」の心を持っています。だから、常識にとらわれず、人を喜ばせるためにどんどん新しいことに挑戦するし、未知の世界へ

サスエ前田魚店には、世界各国から料理人たちが魚についての知識や技を学びに来ている。この日はタイの一流シェフ達が研修に来た。

飛び出していく。

そんな彼の活躍を目の当たりにした際、自分ももっと、この知識や技、そして魚の美味しさを、世界に発信していかなければならないと感じたのです。

だから私は、世界中から来てくれる、私の仕事を知りたいという人たちをたくさん受け入れています。これまでもフランスやイタリアの肉職人やタイの一流シェフなどを迎え入れてきました。そして彼らに、冷やし方、魚の捌き方、脱水締め、干物など、私の持つ技術を徹底的に教えました。

この素晴らしい、日本の国技・水産を、世界中の人にも知ってもらいたい。

今はそういう思いでやっています。

中学時代に掲げた目標は日本一の魚屋さん

ウチの店には、私の中学時代の校長先生が魚を買いに来てくれます。

中学時代に勉強ができなかった私は、その校長先生と水産高校の面接を練習していた際に、「日本一の魚屋を目指す」と言っていたのです。

校長先生はその話をいまでも覚えていて、いまの私を見て「良かったな」と優しく声をかけてくれます。

私は自分が、日本一の魚屋になったとは思っていません。自分自身、まだまだ魚屋として、納得できる仕事が完璧にできているとは全く思わないからです。昨日の自分を、今日の自分が否定し続けていきたいのです。

いま世界は温暖化が進み、日本の海も変わってきている。

これまで「漁はこうあるべき」「魚はこういうものである」とされてきた常識は、もはや通用しなくなってきました。

魚とは、自然に生きているものを捕って食べること。つまりは、自然に大きく左右される食べ物です。

海の状況や天気、気温の状況など、常にアンテナを張っていなければ、自然とは対峙できません。

一方で、自然の恵みに感謝して真剣に向き合っていると、とてつもなく美味しい　魚を海から頂戴することができます。

魚屋として、そんな魚を多くの人に提供していきたい。

誰もが美味しい魚をいつでも食べられて、魚を愛してくれる日常を作りたい。

その実現のため、これからも日々精進しつづけたいと思っています。

前田尚毅

【著者プロフィール】

前田尚毅（まえだ　なおき）

1974年、静岡県焼津市生まれ。

60年以上続く「サスエ前田魚店」の5代目店主。

学生時代から、登校前に市場の競りで記録係を務めるなど、魚関連の仕事に勤しむ。水産高校卒業後、水産会社で荷受や仲卸しの仕事を学んだ後、1995年に家業のサスエ前田魚店に入る。地元客向けの小売と、飲食店向けの専門販売、いずれの仕込み技術も身に付ける。

研鑽の末、ミシュラン三ツ星に輝く「鮨よしたけ」や、世界のベストレストラン50に日本からわずかにランクインした「傳」「NARISAWA」など、多数のグランメゾンから納品オファーが殺到するように。日本のスターシェフだけでなく、フランスをはじめ、世界中の一流料理人が仕込み技術を学びに焼津へ訪れる。

締めたはずの魚がピクピク動き出す「脱水締め」という仕込み技術がテレビで放映されると、魔法のような光景が大反響を呼ぶ。

2021年には、『ミシュランガイド』と双璧をなすフランスのグルメガイド『ゴ・エ・ミヨ・ジャポン』誌上で、魚屋として唯一、生産者に贈られる「テロワール賞」を受賞。今後の活躍にさらなる注目が集まっている。

冷やしとひと塩で 魚はグッとうまくなる

2021年12月16日 第1刷発行
2022年 6 月17日 第3刷発行

著者　前田尚毅
発行者　大山邦興
発行所　株式会社 飛鳥新社
〒101-0003
東京都千代田区一ツ橋2-4-3 光文恒産ビル
電話 03-3263-7770(営業)
03-3263-7773(編集)
http://www.asukashinsha.co.jp

装丁　小口翔平(tobufune)
撮影　石井勝次
本文デザイン　株式会社 製作所
イラスト　小倉隆典
校正　東京出版サービスセンター
編集協力　遠藤俊明、安東 渉(EditReal)

印刷・製本　中央精版印刷株式会社

ISBN978-4-86410-824-9